JN416373

세움

잠언을 쓴다

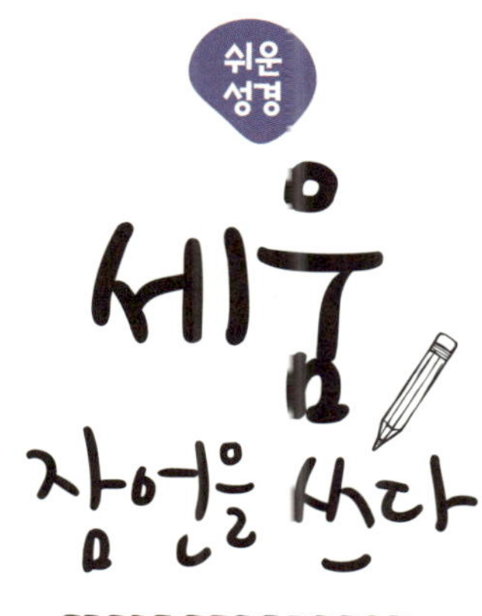

내 안에 주님을 세우는 시간

아가페

이렇게 사용하세요

제목에 쓰인 '세움'은 우리 안에 하나님을 세우고, 교회와 가정, 개인의 신앙을 바로세운다는 의미입니다.
기독교 신앙의 근본인 성경을 차분히 쓰면서 마음에 새기는 시간은, 하나님과 교제하는
뜻깊은 경험이 될 것입니다.

1 조용히 말씀에 집중할 수 있는 장소를 선택합니다.

2 먼저 눈으로 읽은 후, 소리 내어 한 번 더 읽습니다.

3 읽은 말씀을 기억하며 써 내려갑니다.

4 각 장 시작 부분에 있는 장별 요약을 읽고 시작하세요.

5 말씀을 쓰고 난 후 '잠언으로 드리는 기도'로 마무리하세요.

6 본문 말씀을 자신에게 적용하면서 '말씀 적용하기'에 기록해 보세요.
미니 일기장이 됩니다.

7 매일 한 장씩 쓰면 한 달에 잠언을 완필할 수 있습니다(총 31장).

잠언을 쓰기 전 알아두기

누가 지었나? 솔로몬, 아굴과 르무엘 왕의 어머니, 무명의 지혜자들.

언제 썼나? BC 1000-700년.

왜 썼나? 하나님의 백성에게 지혜를 가르치고, 지혜의 근본이 하나님을 경외하는 믿음에서 나오는 것임을 가르치려고.

무엇을 썼나? 지혜는 선과 악, 진리와 거짓, 하나님의 뜻과 인간의 생각을 분별하게 하며, 진리는 인생의 올바른 길 곧 하나님의 말씀대로 사는 길을 제시한다는 내용.

특징은?

1. 지혜

1장 1절부터 9장 18절은 '지혜'와 '어리석음'이라는 드 여인의 이야기입니다. '지혜'는 하나님의 지혜로운 속성을 인격화한 것이며, 궁극적으로는 하나님을 상징합니다. 반면 '어리석음'은 이스라엘의 신앙을 빼앗는 헛된 신들을 나타냅니다. 하나님을 떠나서는 진정한 지혜가 있을 수 없다는 것이 본서가 말하는 진리입니다. 하나님을 경외하는 것이 지식과 이해와 명철의 시작입니다(1:7).

2. 실제적인 삶

잠언은 경건한 삶을 살기 위한 원리를 나타내며 재물과 노동, 나눔과 마음에 관한 이야기에 많은 부분을 할애합니다. 본서의 주요 내용은 삶의 모든 영역을 거의 다 다룹니다.

제1장

잠언의 목적을 밝힌 다음, 악을 멀리하고 지혜를 추구할 것을 권합니다.
잠언은 하나님의 백성다운 삶이 어떤 것인지 구체적으로 가르쳐줍니다.

머리말

1 이스라엘의 왕, 다윗의 아들, 솔로몬의 잠언입니다.

2 이 글을 쓰는 것은 지혜와 교훈을 얻게 하고, 슬기로운 가르침을 깨닫게 하고,

3 훈련과 지혜로운 생활을 얻게 하고, 의롭고, 올바르고, 정직한 삶을 살며,

4 어리석은 자들에게는 사리 분별력을 주고, 젊은이에게는 체험적인 지식과 옳은 것을 깨닫는 능력을 주기 위함이다.

5 지혜로운 사람은 듣고 학식을 더할 것이며, 지각 있는 자는 모략을 얻을 것이다.

6 이로써 잠언과 비유, 지혜자의 가

머리말

1

2

3

4

5

6

DATE . . .

르침, 그리고 오묘한 일들을 깨
닫게 될 것이다.
7 여호와를 경외하는 것이 지식의
시작이지만, 어리석은 자들은 지
혜와 교훈을 멸시한다.

7

솔로몬의 잠언

8 내 아들아, 네 아버지의 교훈을
듣고, 네 어머니의 가르침을 배척
하지 마라.
9 그것은 네 머리에 쓸 아름다운 화
관이요, 네 목에 걸 목걸이다.
10 내 아들아, 죄인들이 너를 유혹하
더라도 따르지 마라.
11 저들이 이렇게 말할 것이다. "같
이 가서, 숨어 있다가 사람을 잡
자. 무조건 숨어서 죄 없는 사람
을 기다리자.
12 우리가 저들을 무덤처럼 산 채로
삼켜 버리자! 지옥에 떨어지는 자
처럼 통째로 삼켜 버리자.
13 온갖 종류의 보물들을 취하여,

솔로몬의 잠언

8

9

10

11

12

13

우리 집을 약탈물로 채우자.
14 너도 이 가운데서 제비를 뽑아
라. 우리 모두 한 부대씩 나눠 가
지자."
15 내 아들아, 저들과 같이 길을 다
니지 말고 저들이 있는 곳에 발도
내딛지 마라.
16 왜냐하면 저들의 발은 범죄하러
내달리고, 저들은 사람 죽이기에
재빠르기 때문이다.
17 새가 보는 앞에서 그물을 펼치는
것은 헛수고가 아니냐?
18 이 사람들은 결국 자기 피를 흘리
려고 숨어서 기다리며, 자기 생명
을 해하려고 기다릴 뿐이다.
19 옳지 않은 방법으로 이득을 노리
는 자의 결과는 다 이러하니, 결
국 자기 생명만 해칠 뿐이다.

지혜의 말

20 지혜가 길거리에서 소리치고, 광
장에서 외친다.

14

15

16

17

18

19

지혜가 부른다

20

21 지혜가 성벽 위에서 소리치고, 성
문 어귀에서 외친다.
22 미련한 자들아, 언제까지 미련하
게 행동할 것이냐? 비웃는 자들
아, 언제까지 비웃음을 즐기겠느
냐? 어리석은 자들아, 언제까지
지식을 미워하겠느냐?
23 내 책망을 듣고 너희가 회개하면,
내가 내 영을 너희에게 부어 주
고, 내 말들을 너희에게 깨닫게
해 줄 것이다.
24 내가 부를 때에 너희는 나를 배척
했고, 내가 손을 펼쳤을 때에 너
희는 들은 척도 하지 않았다.
25 너희는 내 조언을 무시하고, 내
책망을 받아들이지 않았다.
26 그러므로 나도 네가 재앙을 만날
때에 비웃고, 두려운 일이 너를
덮칠 때에 조롱할 것이다.
27 재앙이 폭풍같이 너를 덮치고, 재
난이 태풍같이 너에게 내리치며
좌절과 근심이 너에게 닥쳐올 때,

21
22
23
24
25
26
27

28 그제서야 너희는 나를 부르겠지
만, 나는 대답하지 않을 것이다.
저들이 나를 찾겠지만, 나를 찾지
못할 것이다.
29 그것은 너희가 지식을 미워하고,
여호와를 경외하는 것을 택하지
않았기 때문이다.
30 그것은 너희가 내 교훈을 받아들
이지 않고, 내 책망을 업신여겼기
때문이다.
31 그러므로 저들은 자기가 뿌린 씨
의 열매를 먹고, 자기 꾀의 결과
로 배부를 것이다.
32 미련한 자들은 제멋대로 행동하
다 죽고, 어리석은 자들은 태만히
행하다가 망할 것이다.
33 그러나 내 말을 순종하는 사람들
은 안전하게 살고, 해를 걱정하지
않고 평안할 것이다.

28

29

30

31

32

33

DATE . . .

여호와를 경외하는 것이 지식의 시작이지만,

어리석은 자들은 지혜와 교훈을 멸시한다.

내 아들아, 네 아버지의 교훈을 듣고, 네 어머니의 가르침을 배척하지 마라.

_ 잠 1:7-8

잠언으로 드리는 기도 하나님, 참 지식과 지혜를 가진 사람이 되게 하소서.
의롭고 올바른 길을 걸으며, 무엇보다 여호와 하나님을 경외하는 삶을 살게 하소서.

말씀 적용하기

제2장

지혜를 추구하는 자에게 주어지는 유익을 소개합니다.
악인의 길은 멸망으로 향하는 반면,
의인의 길은 하나님의 풍성한 은혜와 축복으로 향합니다.

지혜가 주는 상

1 내 아들아, 네가 내 말을 듣고, 내 명령을 마음에 깊이 간직한다면,

2 네 귀를 지혜에 기울이고, 네 마음을 총명에 둔다면,

3 네가 명철을 찾아 부르짖고, 총명을 찾아 외친다면,

4 은을 찾듯 네가 그것을 찾고 숨은 보화를 찾듯 한다면,

5 너는 여호와를 경외하는 법을 깨닫고, 하나님을 아는 지식을 찾을 것이다.

6 왜냐하면 여호와께서 지식을 주시고, 그분으로부터 지식과 총명이 나오기 때문이다.

7 그분은 정직한 사람들을 위해 성공을 예비하시고, 흠 없는 사람을

지혜가 주는 상

1

2

3

4

5

6

7

보호해 주시니,
8 그것은 그분이 의로운 사람의 길
을 지키시고, 주께 충성하는 사람
들의 길을 보호하시기 때문이다.
9 그러면 너는 무엇이 바르고, 의롭
고, 공평한 것인지, 곧 모든 좋은
길을 깨닫게 될 것이다.
10 지혜가 네 마음에 들어가고, 지
식이 네 영혼을 달콤하게 만들 것
이다.
11 너의 분별력이 너를 지키며, 총명
이 너를 보호할 것이다.
12 지혜가 악한 자의 길에서 너를 지
키며, 악한 말을 내뱉는 자들로부
터 너를 지킬 것이다.
13 그들은 바른 길을 버리고, 어두컴
컴한 길을 택하는 자들이며,
14 범죄를 즐기고, 악한 일을 좋아할
것이다.
15 저들의 길은 구불구불하고, 그들
은 잘못된 길로 걷는다.
16 또한 지혜는 창녀로부터 너를 지

8
9
10
11
12
13
14
15
16

켜 주고, 유혹하는 말로부터 너
를 지켜 줄 것이다.
17 창녀는 젊은 시절의 남편을 떠나,
하나님 앞에서 한 서약을 깨뜨린
자이다.
18 그녀의 집은 죽음에 이르는 길이
며, 그녀의 길은 죽은 자들의 영
이 있는 곳으로 향한다.
19 누구든지 그녀에게 가는 사람은
돌이킬 수도, 생명의 길에 이를
수도 없다.
20 그러므로 너는 선한 사람들의 길
을 걸으며, 의로운 사람의 길에
굳게 서라.
21 정직한 사람은 땅에서 잘 되고,
흠 없는 사람은 성공한다.
22 그러나 악한 사람은 땅에서 끊어
지고, 사기꾼은 땅에서 뿌리째 뽑
힐 것이다.

17

18

19

20

21

22

그분은 정직한 사람들을 위해 성공을 예비하시고,

흠 없는 사람을 보호해 주시니,

그것은 그분이 의로운 사람의 길을 지키시고,

주께 충성하는 사람들의 길을 보호하시기 때문이다.

_ 잠 2:7-8

잠언으로 드리는 기도 하나님, 주님의 완전하신 지혜의 유익을 풍성히 누리게 하소서. 하늘의 지혜를 간절히 구하오니 부어주시고, 그로 말미암아 의롭고 안전한 길을 걷게 하소서.

말씀 적용하기

제3장

지혜의 말씀에 순종하여 얻게 되는 갖가지 복을 소개합니다.
여호와께 순종하는 자에게 임하는 복을 제시하고, 이웃에게 선을 베푸는 것이 여호와께 복 받는 삶임을 가르쳐줍니다.

자녀에게 교훈하다

1 내 아들아, 내 가르침을 잊지 말고, 내 명령들을 네 마음에 소중히 간직하여라.

2 그렇게 하면, 너는 오래 살고, 성공하게 될 것이다.

3 너는 성실과 사랑을 절대 버리지 말고, 그것을 네 목에 걸고, 네 마음판에 잘 새겨라.

4 그리하면 네가 하나님과 사람 앞에서 은총과 칭찬을 받을 것이다.

5 네 마음을 다하여 여호와를 신뢰하고, 절대로 네 슬기를 의지하지 마라.

6 너는 네 모든 길에서 그분을 인정하여라. 그러면 그분이 너의 길을 형통하게 만들어 주실 것이다.

1

2

3

4

5

6

7 스스로 지혜로운 체하지 말고, 여
호와를 경외하고 악한 일은 피하
여라.
8 그것이 네 몸을 치료하고, 네 뼈
들을 윤택하게 해 줄 것이다.
9 네 재물과 네 수확물의 첫 열매를
드려 여호와를 공경하여라.
10 그러면 네 창고들이 차고 넘치게
될 것이며, 네 포도주통들이 포도
주로 가득 찰 것이다.
11 내 아들아, 여호와의 징계를 멸시
하지 말고, 그의 책망을 언짢게
여기지 마라.
12 여호와께서는 자신이 사랑하는
자들을 징계하시되, 아버지가 사
랑하는 아들에게 하는 것과 같이
하신다.
13 지혜를 발견하고, 총명을 얻는 자
는 복이 있다.
14 지혜는 은보다 더 소득이 많고,
금보다 더 많은 이익을 준다.
15 지혜는 보석보다 값지니, 네가

7

8

9

10

11

12

13

14

15

탐하는 그 어떤 것과도 비길 수
없다.
16 지혜의 오른손에는 장수가 있고,
그 왼손에는 부와 명예가 있다.
17 지혜의 길은 즐거움의 길이며, 그
모든 길은 평안이다.
18 지혜는 그것을 붙잡는 자에게 생
명나무가 되어 주며, 그것을 잡는
자에게 복을 준다.
19 여호와는 지혜로 땅의 기초를 세
우셨고, 총명으로 하늘을 그 자
리에 만드셨다.
20 그분의 지식으로 깊은 바다가 갈
라지고, 구름에서 이슬이 내린다.
21 내 아들아, 바로 판단하고 분별
하여, 그것을 한시도 잊지 마라.
22 그것을 너의 생명이자, 네 목에
걸 목걸이로 삼아라.
23 그러면 너는 네 길에서 안전할 것
이며, 발이 걸려 넘어지지 않을 것
이다.
24 네가 누울 때, 너는 두려워하지

않고, 네가 누울 때, 네 잠이 달
것이다.
25 너는 악인에게 갑작스럽게 닥치
는 재난이나 파멸을 조금도 두려
워하지 마라.
26 여호와는 너의 의지가 되시고, 네
발이 올무에 걸려 넘어지지 않도
록 지키실 것이다.
27 네게 행할 능력이 있거든, 도움이
필요한 사람에게 기꺼이 도움을
주어라.
28 네게 지금 물건이 있다면, 네 이웃
에게 "갔다가 다시 오게나. 내일
주겠네"라고 말하지 마라.
29 네 이웃이 평안히 네 곁에서 살거
든, 네 이웃을 해칠 음모를 꾸미
지 마라.
30 너에게 해를 끼치지 않은 사람을
아무 까닭 없이 비난하지 마라.
31 난폭하게 구는 사람을 부러워하
거나 그의 행위를 본받지 마라.
32 여호와께서는 비뚤어진 사람을

25

26

27

28

29

30

31

32

가증히 여기시고, 정직한 사람을
신뢰하신다.
33 여호와께서는 악인의 집은 저주
하시지만, 의인의 집에는 복을 주
신다.
34 그분은 교만한 자를 비웃으시고,
겸손한 자에게 은혜를 주신다.
35 지혜로운 사람은 영광을 얻지만,
어리석은 사람은 수치를 당할 것
이다.

33

34

35

잠언으로 드리는 기도 하나님, 지혜를 통해 하나님의 복을 누리고 전달하는 자가 되게 하소서. 이 세상 무엇보다 귀한 하나님의 가치를 깨닫는 자가 되게 하소서.

말씀 적용하기

DATE . . .

제4장

지혜로운 길과 악한 길 그리고 각각의 길을 걸어간 결과를 대조하여
지혜로운 길을 택할 것을 강조합니다.

지혜의 중요성

1 아들들아, 너희는 아버지의 교훈
을 듣고, 순종하여 총명을 얻어라.
2 내가 너희에게 선한 가르침을 주
리니, 내 가르침을 잊지 마라.
3 내가 어려서 내 아버지에게 아들
이었고, 어머니의 온순한 사랑을
받는 자였을 때,
4 아버지는 내게 이렇게 가르쳐 주
셨다. "너는 내 가르침을 마음에
굳게 새겨, 내 명령들을 지켜라.
그러면 살 것이다.
5 지혜를 얻고, 총명을 사거라. 내
가르침을 잊지 말고, 그것에서 떠
나지 마라.
6 지혜를 잊지 마라. 그러면 지혜가
너를 보호할 것이다. 지혜를 사랑

지혜의 중요성

1

2

3

4

5

6

하면 그것이 너를 지켜 줄 것이다.
7 지혜가 최고이니, 지혜를 사거라. 7
네 모든 소유를 가지고 총명을
사거라.
8 지혜를 존중하여라. 그러면 지혜 8
가 너를 높여 줄 것이다. 지혜를
취하여라. 그러면 너를 영예롭게
해 줄 것이다.
9 지혜가 네 머리에 아름다운 화관 9
을 씌워 주며, 영화로운 면류관
을 줄 것이다."
10 내 아들아, 내가 하는 말을 귀담 10
아들어라. 그러면 너의 생명이 길
것이다.
11 나는 너를 지혜의 길로 인도하고, 11
곧은 길로 이끌 것이다.
12 네가 걸을 때, 네 걸음이 방해받 12
지 않고, 네가 달릴 때, 넘어지지
않을 것이다.
13 교훈을 굳게 붙들고, 놓지 마라. 13
교훈을 잘 지켜라. 그것이 네 생
명이다.

14 악한 사람들의 길에 발도 들여놓
지 말고, 악인들의 길로 다니지
마라.
15 그 길을 피하고 그 길에 서지 마
라. 그 길에서 돌이켜 지나가라.
16 저들은 죄를 짓지 않으면 자지 못
하며, 남을 쓰러뜨리지 않으면 잠
도 오지 않는 사람들이다.
17 저들은 부정하게 얻은 음식을 먹
고, 폭력으로 얻은 술을 마신다.
18 의인의 길은 동틀 때의 첫 햇살
같아서, 점점 환해져 정오의 해같
이 될 것이다.
19 악인들의 길은 짙은 어둠 같아
서, 무엇에 걸려 넘어졌는지도 모
른다.
20 내 아들아, 내가 하는 말에 귀를
기울여라. 내 말들을 귀담아들
어라.
21 내 말을 잊지 말고 네 마음속 깊
이 간직하여라.
22 내 말은 깨닫는 자에게 생명이 되

14

15

16

17

18

19

20

21

22

고 온몸을 건강하게 해 준다.
23 무엇보다 네 마음을 지켜라. 이는
생명의 근원이 마음에서부터 흘
러나오기 때문이다.
24 더러운 말을 피하고 거짓말을 하
지 마라.
25 앞만 바라보고 네 앞에 놓여져 있
는 것에 시선을 두어라.
26 너의 발걸음을 곧게 하고 네 모든
길을 곧게 하여 안전하게 행하라.
27 곁길로 벗어나지 말고, 네 발을
악으로부터 멀리하여라.

23

24

25

26

27

잠언으로 드리는 기도 하나님, 하나님의 말씀을 최고의 가치로 삼아 그 지혜를 배우고 모든 일에 하나님의 뜻대로 살아가게 하소서. 또 부모의 옳은 가르침에 순종하는 자녀가 되게 하소서.

말씀 적용하기

DATE . . .

제5장

음녀를 주의하여 멀리하고, 젊어서 취한 아내를 즐거워하라는 교훈입니다.
음행을 저질러 죄악에 빠지는 것은 자기 영혼에 중한 고통만 줄 뿐입니다.

간음에 대한 경고

1 내 아들아, 내 지혜에 주목하고, 내 명철에 네 귀를 기울여라.

2 그러면 네가 늘 분별력을 갖게 되어 네 입은 지혜로운 말만 할 것이다.

3 간음녀의 입술은 꿀과 같이 달콤하고, 기름보다 더 매끄럽지만,

4 결국에는 독처럼 쓰고, 양쪽에 날이 선 칼같이 날카롭게 된다.

5 그녀의 두 발은 죽음을 향하고, 그녀의 걸음은 곧장 무덤으로 향한다.

6 그녀는 생명의 길에는 관심이 없고, 굽은 길을 걸으면서도 그 길이 굽었는지 깨닫지 못한다.

7 그런즉, 내 아들아, 내 말을 듣

간음에 대한 경고

1

2

3

4

5

6

7

고, 내가 말하는 것에서 벗어나지
마라.
8 그런 여자를 멀리하고 그녀의 집 8
근처에는 얼씬거리지도 마라.
9 네 명예를 다른 사람들에게 빼앗 9
기고, 네 목숨을 잔인한 자에게
빼앗길까 두렵다.
10 다른 사람들이 네 재산을 탕진하 10
고, 네 수고가 다른 사람의 재산
만 불어나게 할까 두렵다.
11 마지막에 네 몸이 병든 뒤, 너는 11
탄식할 것이다.
12 그때, 너는 말할 것이다. "어째서 12
내가 교훈을 싫어하고, 꾸지람을
업신여겼을까?
13 어째서 선생님의 말씀을 듣지 않 13
고, 스승들의 말도 귀담아듣지
않았을까?
14 모든 사람들 가운데서 나만 멸망 14
에 빠지게 되었구나!"
15 너는 네 우물에서 물을 마시며 네 15
샘에서 흐르는 물만 마셔라.

16 어찌 네 샘물이 길에 흘러넘치게
하며 네 물이 광장에 넘치게 하겠
느냐?
17 그 물은 너 혼자 마시고, 다른 사
람들과 함께 마시지 마라.
18 네 샘을 복되게 하고, 네가 젊어
서 얻은 아내를 즐거워하여라.
19 그녀는 사랑스러운 암사슴이고,
아름다운 암노루이다. 너는 그
녀의 젖가슴을 항상 만족하게 여
기고 항상 그녀의 사랑에 만족하
여라.
20 내 아들아, 네가 어찌 창녀에게
매혹당하여 남의 아내를 품에 안
겠느냐?
21 여호와는 사람의 모든 길을 다
보고 검사하신다.
22 악인은 자기의 악한 행실로 인해
함정에 빠지고, 그 죄는 자신을
붙들어 매는 밧줄이 되고 만다.
23 악인은 교훈을 받지 않는 까닭에
죽게 되고, 자신의 큰 어리석음

16

17

18

19

20

21

22

23

때문에 망하고 말 것이다.

잠언으로 드리는 기도 하나님, 악한 사탄의 유혹을 잘 분별할 수 있는 지혜를 주소서. 젊은 날을 쾌락과 헛된 것에 탕진하지 않게 하시고, 하나님의 훈계를 따라 참된 신자로 살게 하소서.

말씀 적용하기

제6장

일상생활 가운데서 빠질 수 있는
어리석은 일을 경계하게 하는 내용입니다.

어리석은 자들을 조심하라

1 내 아들아, 만약 네가 네 이웃에 빚보증을 서고, 다른 사람을 위해 증인이 되었다면,

2 너는 네 말 때문에 덫에 걸린 것이다.

3 내 아들아, 너는 네 이웃의 손아귀에 사로잡혔으니, 가서 이렇게 하여라. 겸손하게 엎드려서 네 이웃에게 간절히 부탁하여 거기서 빠져나오도록 하여라.

4 네 눈이 잠들지 않게 하고, 네 눈꺼풀도 감기지 않게 하여라.

5 노루가 사냥꾼의 손에서 벗어나듯, 새가 그물치는 자의 손에서 벗어나듯 빠져나와라.

6 게으른 자여, 개미가 하는 것을

어리석은 자들을 조심하라

1

2

3

4

5

6

잘 보고 지혜를 얻어라.
7 개미는 지도자도, 장교도, 통치 7
자도 없지만,
8 여름에는 먹이를 준비하고, 추수 8
때에는 그 음식을 모은다.
9 게으른 자여, 네가 언제까지 누워 9
뒹굴겠느냐? 네가 언제쯤 잠에서
깨겠느냐?
10 "좀 더 자자, 조금만 더 눈을 붙 10
이자. 일손을 멈추고 조금만 더
쉬자" 하면
11 네게 가난이 강도 떼처럼, 궁핍이 11
군대처럼 들이닥칠 것이다.
12 불량하고 악한 사람은 남을 헐뜯 12
고 돌아다닌다.
13 그는 눈짓, 발짓, 손짓으로 남을 13
속인다.
14 그는 비뚤어진 마음으로 죄를 저 14
지르고 자나깨나 싸움을 벌인다.
15 그러므로 갑자기 그에게 재앙이 15
임하고, 순식간에 망하고 말 것
이다.

16 여호와께서 미워하시는 것, 곧 싫 16
어하시는 것 예닐곱 가지가 있다.
17 그것은 교만한 눈, 거짓말하는 17
혀, 죄 없는 사람을 죽이는 손,
18 악한 일을 꾸미는 마음, 범죄하러 18
급히 달려가는 발,
19 거짓말하는 거짓 증인, 형제 사이 19
를 이간질하는 사람이다.
20 내 아들아, 네 아버지의 명령을 지 20
키고, 네 어머니의 가르침을 잊지
마라.
21 그것을 네 마음에 영원히 간직하 21
고 네 목에 영원히 매달아라.
22 네가 걸을 때, 그것이 너를 인도 22
하겠고, 네가 잘 때, 그것이 너를
지켜 주며, 네가 깰 때, 그것이 네
게 말할 것이다.
23 이 명령은 등불이요, 이 가르침 23
은 빛이요, 이 교훈은 생명의 길
이다.
24 이것들이 너를 부도덕한 여인에게 24
서, 바람난 여인의 매끄러운 혀에

서 지켜 줄 것이다.
25 너는 그런 여자의 아름다움을 탐
내지 말고, 그 눈길에 매혹당하지
마라.
26 왜냐하면 너는 창녀 때문에 빵
한 조각을 구걸하게 되고, 너의
목숨까지 위협당할 것이기 때문
이다.
27 사람이 불을 가슴에 품고, 자기
옷을 태우지 않을 수 있겠느냐?
28 사람이 데지 않고, 타는 숯불 위
를 걸을 수 있겠느냐?
29 남의 아내와 함께 잠자는 사람도
이와 같으니, 남의 여자를 건드리
는 사람은 벌을 받을 것이다.
30 허기진 배를 채우기 위해 도둑질
하면 용서를 받을 수는 있으나,
31 훔치다 잡히면 일곱 배를 갚아
야 하고, 돈이 없으면 자기 집의
좋은 것들을 모두 주어야 할 것
이다.
32 그러나 간음하는 자는 정신이 나

간 사람으로, 자기 영혼을 망치는
사람이다.
33 그런 일을 하다가 잡히는 사람은
매를 맞고 수치를 당하여, 그 부
끄러움이 영원히 지워지지 않을
것이다.
34 그 남편이 질투심에 불타 보복할
때, 눈에 무엇이 보이겠는가?
35 아무리 많은 보상이나 온갖 선물
을 준다 해도 그 분노가 풀리지
않을 것이다.

33

34

35

잠언으로 드리는 기도 하나님, 악은 그 모양이라도 피하게 하시고, 특별히 젊은 날에 성적인 죄를 짓지 않도록 도우소서. 참으로 하나님의 성품을 닮아 거룩한 그릇으로 빚어지게 하소서.

말씀 적용하기

제7장

음행에 대한 경고가 계속해서 이어지고, 음녀의 유혹에 빠지지 않도록
지혜롭게 처신할 것을 당부합니다.

음녀의 유혹을 경계함

1 내 아들아, 내 말을 따르고, 내 명령들을 네 마음속에 깊이 간직하여라.

2 내 명령을 지키면 너는 살 것이다. 내 가르침을 네 눈동자같이 지켜라.

3 그것을 네 손가락에 매어, 네 마음판에 새겨라.

4 지혜를 너의 누이라 하고, 총명을 너의 친척이라 칭하여라.

5 그것들이 너를 창녀의 유혹에서 지켜 줄 것이다.

6 내가 우리 집 창문에서 밖을 내다보다가,

7 미련한 젊은이들 가운데서, 한 정신 나간 젊은이를 보았다.

음녀의 유혹을 경계함

1

2

3

4

5

6

7

8 그는 길모퉁이를 지나, 창녀의 집
쪽으로 걷고 있었다.
9 날이 저무는 황혼녘에, 어둠이 찾
아들 때쯤,
10 한 여인이 창녀처럼 꾸미고, 그 남
자를 유혹하기 위해 그에게로 다
가왔다.
11 그 여자는 집에 붙어 있지 않고 멋
대로 돌아다니며,
12 때로는 거리에서, 때로는 광장에
서, 때로는 길모퉁이에서, 유혹
할 사람을 기다린다.
13 그 여인이 그를 붙잡고 입 맞추
며, 부끄러움도 없이 말한다.
14 "화목제 고기가 집에 있어요. 난
서약한 제사를 드렸거든요.
15 그래서 당신을 찾으러 나왔다가
이렇게 만났답니다.
16 내 침대에는 이집트에서 만든 화
려한 이불들이 깔려 있고
17 그 위에 몰약, 침향, 계피향을 뿌
려 놓았어요.

8

9

10

11

12

13

14

15

16

17

18 들어가요. 아침까지 마음껏 사랑
하며 즐겨요.
19 남편은 먼 여행을 떠나고 집에 없
답니다.
20 지갑에 잔뜩 돈을 채워서 떠났
으니 보름이나 되어야 돌아올 거
예요."
21 그녀는 달콤한 말로 이 젊은이를
유혹하여 그를 넘어가게 했다.
22 그 젊은이가 그녀를 선뜻 따라가
니, 도살장으로 끌려가는 황소와
같고, 졸지에 올무에 걸려든 수사
슴 같구나.
23 결국 화살이 그 심장에 꽂힐 것이
다. 그것은 그물을 향해 날아드
는 새가 자기 생명의 위험을 알지
못하는 것과 같구나.
24 아들들아, 이제 내 말을 듣고 내
입의 가르침에 귀를 기울여라.
25 너희 마음을 창녀의 길로 향하게
하지 말고 그녀가 있는 길에서 서
성이지 마라.

18

19

20

21

22

23

24

25

26 그 여자는 많은 사람을 희생시
켰고, 그녀가 죽인 자는 셀 수도
없다.
27 그녀의 집은 무덤에 내려가는
길이며, 사망의 방으로 이르게
한다.

26

27

잠언으로 드리는 기도 하나님, 주님의 뜻을 잘 분별하고 세상의 유혹에 흔들리지 않게 하소서. 영적 분별력을 주시어 세상의 교묘하고 악한 속임 가운데서도 승리하게 하소서.

말씀 적용하기

제8장

본장에서 지혜는 의인화되었습니다.
지혜는 사람이 많이 모이는 도처에 서서 자기를 찾기 위해
전심전력하라고 소리높여 부르짖습니다.

지혜에 귀기울이라

1 지혜가 부르지 않느냐? 명철이 소리치지 않느냐?

2 길가 높은 곳에서, 사거리에서 지혜가 서서 외치지 않느냐?

3 성문들 곁에서, 여러 출입문 밖에서 지혜가 소리친다.

4 "사람들아, 내 말을 들어라. 인생들아, 내 목소리를 들어라.

5 어리석은 자들아, 명철을 얻어라. 미련한 자들아, 지식을 깨달아라.

6 너희는 내 말에 귀를 기울여라. 내가 말해 줄 값진 것이 있다. 내가 하는 모든 말이 옳은 것이다.

7 내 입은 진실을 말하고, 나는 악을 미워한다.

8 내가 하는 말은 모두 의로우며

지혜에 귀기울이라

1

2

3

4

5

6

7

8

그 가운데 잘못되거나 왜곡된 것
이 없다.
9 나의 말은 분별력이 있는 사람에
게 쉬우며 지식을 배우려고 하는
자들에게는 명확하다.
10 은 대신에 내 교훈을, 금 대신에
지식을 택하여라.
11 지혜는 보석브다 값지니, 네가 탐
내는 그 어떤 것도 지혜와 비길
수 없다.
12 나 지혜는 명철과 함께 살며, 지
식과 분별력드 갖고 있다.
13 여호와를 경외하는 것은 악을 미
워하는 것이다. 나는 교만과 거
만, 악한 행실과 거짓된 말을 미
워한다.
14 내게는 모략과 바른 판단이 있으
며, 명철과 능력도 있다.
15 왕들이 나를 통해 나라를 다스리
며, 통치자들이 나를 통해 바른
법령을 제정한다.
16 나를 통해 고관들, 즉 지도자들

이 세상을 다스린다.
17 나는 나를 사랑하는 자들을 사랑 17
하며, 나를 찾는 자들이 나를 발
견할 것이다.
18 부귀와 영예, 수많은 재물과 형 18
통함도 내게 있다.
19 내 열매는 정금보다 나으며, 나의 19
유익은 순은보다 더 크다.
20 나는 의로운 길과 공의의 길을 걸 20
으며,
21 나를 사랑하는 자들에게 엄청난 21
재물을 주어 그들의 금고를 가득
채워 준다.
22 여호와께서 모든 것을 창조하시 22
기에 앞서 태초에 나를 가지고 계
셨다.
23 영원 전, 맨 처음에, 세상이 시작 23
되기 전에 나는 세워졌다.
24 아직 대양들이 있기 전, 샘들이 있 24
기 전, 내가 태어났다.
25 산들이 제자리에 세워지기 전, 언 25
덕들이 만들어지기 전, 내가 생겨

났으니,
26 하나님이 세상과 들판을 만드시 26
기 전, 세상의 먼지를 만드시기 전
이다.
27 그분이 하늘을 제자리에 두실 때, 27
깊은 바다 둘레에 테를 두르실
때, 내가 그곳에 있었다.
28 그분이 구름을 위에 두시고, 바 28
다의 샘을 확실히 정하실 때,
29 그분이 바다의 한계를 명하셔서 29
물이 그 경계를 넘지 못하게 하실
때, 그분이 세상의 토대를 세우
실 때,
30 나는 그분 곁에서 건축사가 되어 30
매일 기쁨으로 충만하였고, 항상
그분 앞에서 춤추며,
31 그분이 만드신 온 땅에서 춤추며, 31
사람들에게서 기쁨을 얻었다.
32 이제 아들들아, 내 말을 들어 32
라. 내 길을 지키는 자들은 복이
있다.
33 교훈을 듣고 지혜를 얻어라. 그것 33

을 소홀히 하지 마라.
34 내 말을 순종하는 자는 행복하
다. 날마다 문간에서 기다리며,
내 문에서 기다리는 자는 복이
있다.
35 나를 찾는 자는 생명을 얻고, 여
호와께 은총을 받을 것이다.
36 그러나 나를 찾지 못하는 자는
자신을 해치는 자이고, 나를 미
워하는 자는 사망을 사랑하는 자
이다."

34

35

36

잠언으로 드리는 기도 하나님, 예수님으로만 모든 복의 근원을 삼게 하소서.
그리스도와 온전히 연합한 기쁨 가운데 신앙이 성숙하게 하시고,
주님만으로 만족과 평안을 누리게 하소서.

말씀 적용하기

DATE . . .

제9장

지혜의 초청과 미련한 여인의 초청을 대조하며,
각 초청에 응한 결과가 딴이하게 다름을 보여줍니다.
여기서 지혜의 초청에 응한 자는 여호와를 경외하는 자입니다.

어리석은 자와 지혜로운 자

1 지혜가 일곱 기둥을 깎아서, 자기 집을 건축하였다.

2 지혜가 짐승을 잡고, 혼합한 포도주로 상을 차리고,

3 자기 여종을 보내어, 마을 높은 곳에서 소리쳐 사람들을 초대하게 하였다.

4 "어리석은 자는 누구나 이리로 오시오." 지혜 없는 사람들에게 지혜가 말했다.

5 "와서, 준비한 음식을 먹고 포도주를 마셔요.

6 어리석음을 버리고 거기에서 멀리 떠나세요. 그러면 살 것입니다. 명철의 길을 걸으세요."

7 비웃는 자를 꾸짖는 사람은 오히

어리석은 자와 지혜로운 자

1

2

3

4

5

6

7

려 모욕을 받게 될 것이고, 악한
사람을 책망하는 사람은 해를 입
을 것이다.
8 비웃는 자를 꾸짖지 마라. 오히
려 미움만 산다. 지혜로운 사람을
꾸짖어라. 그는 네 꾸지람을 고맙
게 생각할 것이다.
9 지혜로운 사람을 훈계하여라. 그
는 더 지혜롭게 될 것이다. 의로
운 사람을 가르쳐라. 그는 더 많
이 배울 것이다.
10 여호와를 경외함이 지혜의 근본
이요, 거룩한 분을 아는 것이 명
철의 시작이다.
11 나 지혜를 통해서 네가 오래 살
고, 네 생명이 길어질 것이다.
12 네가 만일 지혜롭다면, 지혜가 네
게 유익하지만, 만약 네가 거만하
다면, 너만 손해를 볼 것이다.
13 미련한 여인은 시끄럽고, 제멋대
로 하면서 부끄러움을 깨닫지 못
한다.

8
9
10
11
12
13

DATE . . .

14 그 여인은 집의 대문이나 마을 높
은 곳에 앉아서,
15 자기 길을 똑바로 지나가는 사람
들을 불러,
16 "어리석은 자는 누구나 이리로 오
세요"라고 말한다. 또 지혜 없는
사람들에게 이렇게 말한다.
17 "훔친 물이 더 달고, 몰래 먹는 음
식이 더 맛있어요!"
18 그러나 어리석은 자들은 그녀의
손님들이 무덤 깊이 있다는 것을
알지 못한다.

14

15

16

17

18

잠언으로 드리는 기도 하나님, 저를 구원하신 하나님의 은혜가 얼마나 감사한지요.
아무 공로 없으나 은혜로 베풀어주신 구원과 지혜를 세상 가운데
더욱 전하는 삶을 살게 하소서.

말씀 적용하기

제10장

소위 솔로몬의 '제2잠언집'(10:1-22:16)으로 계속해서 의인과 악인을 대조하며,
반의대구법 형식을 취하고 있습니다.

솔로몬의 잠언

1 솔로몬의 잠언입니다. 지혜로운 아들은 자기 아버지를 기쁘게 하지만, 어리석은 아들은 자기 어머니의 근심이다.

2 부정하게 얻은 소득은 무가치하지만, 의롭게 살면 생명을 구한다.

3 여호와께서 의로운 사람은 굶주리지 않게 하시지만, 악인의 탐욕은 물리치신다.

4 게으른 손은 가난하게 만들고, 부지런한 손은 부유하게 만든다.

5 여름에 일하는 사람은 지혜롭지만, 추수 때에 잠자는 사람은 부끄러움을 당한다.

6 의인의 머리에는 복이 임하지만,

솔로몬의 잠언

1

2

3

4

5

6

악인의 입에는 난폭한 말이 숨어
있다.
7 의인을 기억하는 것은 복된 일이 7
지만, 악한 사람의 이름은 곧 기
억에서 사라진다.
8 마음이 지혜로운 자는 명령에 순 8
종하지만, 미련한 수다쟁이는 망
할 뿐이다.
9 똑바로 걷는 자는 안전하게 걷지 9
만, 굽은 길을 걷는 자는 악행이
모두 드러난다.
10 눈짓하는 사람은 문제를 만들고, 10
미련한 수다쟁이는 망할 것이다.
11 의인의 입은 생명샘이지만, 악 11
인의 입에는 난폭한 말이 숨어
있다.
12 미움은 다툼을 일으키나, 사랑은 12
모든 허물을 덮는다.
13 명철한 사람의 입술에는 지혜가 13
있지만, 지혜 없는 자의 등은 채
찍으로 때려야 한다.
14 지혜로운 사람은 지식을 담고 있 14

지만, 미련한 자의 입은 파멸을
가져온다.
15 부자의 재물은 그에게 안전한 성
과 같지만, 가난한 자의 빈궁은
그에게 파멸을 가져다준다.
16 의인의 품삯은 생명이지만, 악인
은 죄값만 받게 될 것이다.
17 책망을 듣는 자는 생명길로 가지
만, 책망을 무시하는 자는 길을
잃고 방황한다.
18 미움을 감추는 자는 거짓 입술을
가진 사람이요, 남을 헐뜯는 자는
바보이다.
19 말이 많으면 죄가 생기지만, 자기
혀를 잘 조절하는 자는 지혜롭다.
20 의인의 혀는 최고의 은이지만, 악
인의 마음은 무가치하다.
21 의인의 입술은 많은 사람을 가르
치지만, 미련한 자는 지식이 없어
죽고 만다.
22 여호와의 복으로 부자가 되면 그
재물에는 근심이 따르지 않는다.

15

16

17

18

19

20

21

22

23 미련한 자는 악한 행동에서 쾌락을 찾지만, 슬기로운 자는 지혜에서 즐거움을 얻는다.

24 악인은 두려워하는 것을 당하게 되고, 의인은 그 바라는 것을 얻게 된다.

25 폭풍이 지나갈 때, 악인은 같이 휩쓸려 사라지나, 의인은 영원히 견고하다.

26 게으른 종은 그 주인에게 고통이 된다. 그들은 눈에 매운 연기 같고, 상한 이빨에 신 포도주 같다.

27 여호와를 경외하면 오래 살지만, 악인은 오래 살지 못한다.

28 의인의 소망은 이루어져 즐거움을 주나, 악인의 소망은 끊어진다.

29 여호와의 가르침은 의인의 피난처가 되지만, 악을 행하는 사람에게는 파멸의 원인이 된다.

30 의인은 결코 뿌리가 뽑히지 않으나, 악인은 땅에서 오래 살지 못

23

24

25

26

27

28

29

30

한다.

31 의인의 입은 지혜를 말하지만, 사
악한 혀는 잘릴 것이다.

32 의인의 입술은 적절한 말을 하지
만, 악인의 입은 사악한 것만 말
한다.

31

32

잠언으로 드리는 기도 하나님, 무엇보다 제가 하나님을 높이며
선하고 아름다운 말만 하는 지혜로운 자가 되게 하소서.
저 자신과 다른 사람에게 복과 생명을 전하는 도구가 되게 하소서.

말씀 적용하기

DATE . . .

제11장

지혜로운 삶의 비결을 구체적으로 제시합니다.
일상생활 속에서 경건과 지혜를 잘 발휘하여
복된 공동체를 이룰 것을 가르치고 있습니다.

1 여호와께서는 속이는 저울은 미워하시나, 정확한 저울추는 기뻐하신다. 1

2 교만한 자는 수치를 당하나, 겸손한 자는 지혜롭다. 2

3 정직한 사람은 성실하여 형통하나, 사기꾼은 자기 꾀로 말미암아 스스로 망한다. 3

4 재물이 많아도 하나님이 노하시면 아무 쓸모가 없지만, 의로운 삶은 죽을 자리에서도 목숨을 건진다. 4

5 흠 없는 사람의 의로운 삶은 그의 앞길을 환하게 만들지만, 악인은 자기 악행으로 망하고 만다. 5

6 정직한 사람의 의로운 행실은 그를 구원하지만, 사기꾼은 자기 6

의 악한 생각에 스스로 걸려 넘어
진다.
7 악인은 죽을 때에 그의 소망도 7
함께 사라지고, 하나님을 저버린
자가 거는 모든 기대는 허무하다.
8 의인은 재난에서 구원받고, 오히 8
려 그 재난은 악인에게 돌아간다.
9 하나님을 저버린 자는 그 입으로 9
자기 이웃을 해치지만, 의인은 지
혜롭게 피한다.
10 의인이 잘되면 마을이 기뻐하고, 10
악인이 망하면 사람들이 즐거워
소리친다.
11 정직한 자의 축복을 통해 마을 전 11
체가 자랑스럽게 되지만, 악인의
입은 그 마을을 망하게 한다.
12 지혜 없는 사람은 자기 이웃을 비 12
웃지만, 슬기로운 자는 자기 혀에
재갈을 물린다.
13 할 일 없이 남을 헐뜯는 사람은 13
남의 비밀을 드러내지만, 진실한
사람은 비밀을 지킨다.

14 지혜로운 지도자가 없으면 나라
가 망하여도, 조언자들이 많으면
그 나라가 평화롭다.
15 남을 위해 보증 서는 사람은 손
해를 보지만, 그것을 거절하는 사
람은 안전하다.
16 덕이 있는 여인은 존경을 받고,
무자비한 남자들은 재물을 얻
는다.
17 남에게 인자하게 대하면 자기도
잘 되지만, 잔인한 사람은 재앙을
불러들인다.
18 악인이 얻는 소득은 허무하나, 의
를 행하는 사람은 확실한 보상을
받는다.
19 늘 의롭게 살면 생명을 얻지만,
악을 행하는 사람은 죽고 만다.
20 여호와께서는 마음이 비뚤어진
사람을 미워하시나, 바른 길을 행
하는 사람을 보면 기뻐하신다.
21 악인은 반드시 처벌을 받지만,
의로운 사람은 구원을 받을 것

이다.
22 외모가 아름다운 여인이 제멋대
로 행동하는 것은 돼지코의 금고
리와 같다.
23 의인의 소원은 성취되지만, 악인
의 소망은 하나님의 진노만 가져
온다.
24 후하게 베푸는 사람은 더 많이 얻
지만, 인색하게 구는 사람은 가난
해질 뿐이다.
25 후한 사람은 잘되고, 남을 기분
좋게 하는 자는 자기의 기분도 좋
아진다.
26 어려움이 있을 때에 곡식을 혼자
차지하는 자는 사람들의 저주를
받지만, 기꺼이 나누는 사람은 축
복을 받는다.
27 선을 간절히 구하는 사람은 은총
을 입지만, 악을 찾는 자에게는
재앙이 임한다.
28 자기 재물을 의지하는 사람은 넘
어지나, 의인은 푸른 잎사귀처럼

22

23

24

25

26

27

28

번성할 것이다.

29 자기 가족을 괴롭히는 자는 바람
을 상속받고, 바보는 지혜로운
사람의 종이 되고 말 것이다.
30 의인의 열매는 생명나무이며, 지
혜로운 자는 사람을 얻는다.
31 의인들도 세상에서 죄값을 받는
데, 하나님을 저버린 죄인들이야
무엇을 더 말하겠는가!

29

30

31

잠언으로 드리는 기도 하나님, 하나님의 성품을 닮아 늘 공의를 행하는 자가 되게 하소서. 말씀을 쓰는 가운데 하나님이 어떤 분인지 더욱 잘 알게 하시고, 그 인도하심을 따르게 하소서.

말씀 적용하기

제12장

의인과 악인의 특성 및 그들의 대조적 결말인
일반적인 주제를 다시 언급합니다.

1 징계를 달게 받는 사람은 슬기롭지만, 책망을 싫어하는 자는 어리석다. 1

2 선한 사람은 여호와께 은총을 얻지만, 악을 행하는 사람은 여호와께서 심판하신다. 2

3 죄를 짓는 사람은 견고하지 못하나, 의인의 뿌리는 결코 뽑히지 않는다. 3

4 덕이 있는 아내는 그 남편에게 영광스런 면류관과 같으나, 부덕한 여인은 남편의 뼈를 썩게 하는 것과 같다. 4

5 의인의 생각은 의롭지만, 악인은 남을 해칠 생각만 한다. 5

6 악인은 숨어서 사람을 죽이려고 하지만, 의인은 사람을 살리려고 6

한다.
7 악인은 넘어지면 다시 일어서지 7
못하지만, 의인의 집은 흔들림이
없다.
8 사람은 그 지혜대로 칭찬을 받겠 8
지만, 마음이 비뚤어진 사람은 멸
시를 받는다.
9 부자이면서 아무것도 없는 듯 9
행동하는 것이 가난뱅이가 무엇
인가 가진 듯 행동하는 것보다
낫다.
10 의인은 자기 짐승의 생명까지도 10
중하게 여기지만, 악인은 고작 생
각한다는 것이 사람을 잔인하게
괴롭히는 일뿐이다.
11 자기 토지를 경작하는 사람은 먹 11
을 양식이 넉넉하겠지만, 허영을
좇는 자는 정신이 없는 자이다.
12 악인은 부정한 이익을 탐하여도, 12
의인은 형통한다.
13 악인은 자기의 더러운 말 때문에 13
올무에 걸리지만, 의인은 재앙을

피한다.
14 입술을 잘 열면 좋은 것으로 배부
르고, 반드시 자기 손이 행하는
대로 보상을 받는다.
15 미련한 자는 자기 행동이 바르다
고 여기지만, 지혜로운 자는 남의
조언을 귀담아듣는다.
16 미련한 자는 참지 못하고 발칵 성
을 내지만, 슬기로운 사람은 수치
를 당해도 참는다.
17 진실한 증인은 정직하게 증언하
지만, 거짓 증인은 거짓말을 내뱉
는다.
18 되는 대로 하는 말은 비수처럼 찌
르지만, 지혜로운 자의 혀는 상한
마음을 고쳐 준다.
19 진실한 입술은 영원히 남지만, 거
짓된 혀는 곧 사라지고 만다.
20 악을 꾀하는 자의 마음에는 거짓
이 있지만, 평안을 추구하는 자의
마음에는 즐거움이 있다.
21 의인은 해를 당하지 않으나, 악인

14

15

16

17

18

19

20

21

에게는 많은 재앙이 있다.
22 여호와께서는 거짓된 입술을 미 22
워하시지만, 진실한 사람은 기뻐
하신다.
23 슬기로운 사람은 자기 지식을 잘 23
드러내지 않지만, 미련한 자는 자
기 미련을 드러낸다.
24 부지런한 사람은 남을 다스리겠 24
지만, 게으름뱅이는 남의 종노릇
이나 할 것이다.
25 마음에 근심이 있으면 절망에 빠 25
지지만, 격려의 말은 그를 다시 일
으켜 준다.
26 의인은 이웃을 바른 길로 인도하 26
지만, 악인은 자기 스스로 불행한
길로 나아간다.
27 게으른 사람은 자기가 잡은 사냥 27
감도 요리하기 싫어하지만, 부지
런한 사람은 보화를 캔다.
28 의로운 길에는 생명이 있고, 그 28
길에는 사망이 없다.

미련한 자는 자기 행동이 바르다고 여기지만,
지혜로운 자는 남의 조언을 귀담아듣는다.
미련한 자는 참지 못하고 발칵 성을 내지만,
슬기로운 사람은 수치를 당해도 참는다.

_ 잠 12:15-16

잠언으로 드리는 기도 하나님, 성도가 이 땅에서 고난을 당하지만
궁극적인 승리가 그리스도 안에 있음을 믿습니다.
이 믿음 붙잡고 오늘도 영원한 생명과 참 기쁨이 있는 길로만 힘차게 나아가게 하소서.

말씀 적용하기

제13장

의인과 악인에 대한 대조적인 묘사가 이어지며,
듣는 자세에 가장 초점을 맞추고 있습니다.

1 지혜로운 아들은 자기 아버지의 교훈에 순종하지만, 거만한 아들은 책망을 듣지 않는다.

2 입술을 잘 열면 좋은 것을 먹지만, 사기꾼은 늘 폭력을 휘두를 생각만 한다.

3 자기 입을 잘 지키는 사람은 생명을 보존하지만, 입술을 함부로 여는 사람은 망한다.

4 게으른 사람은 원하는 것을 얻지 못하지만, 부지런한 사람은 원하는 대로 얻는다.

5 의인은 거짓을 미워하지만, 악인은 수치와 모욕을 당한다.

6 행위가 온전한 사람은 의가 보호하지만, 악인은 죄 때문에 망한다.

1

2

3

4

5

6

7 부자인 체하나 아무것도 없는 사
람이 있는가 하면, 가난한 체하여
도 부자인 사람이 있다.
8 부자는 자기 재물로 생명을 구할
지도 모르나, 가난한 사람은 위협
받을 일이 없다.
9 의인의 빛은 환하게 빛나지만, 악
인의 등불은 꺼진다.
10 교만은 다툼을 초래하나, 충고를
잘 듣는 사람에게는 지혜가 있다.
11 부정하게 쌓은 재물은 점점 줄어
드나, 힘들여 모은 돈은 점점 증
가한다.
12 소망이 좌절되면 마음에 병이 들
지만, 소망이 이루어지면 그 안에
생명이 있고 기쁨이 넘치게 된다.
13 말씀을 멸시하는 자는 파멸에 이
르지만, 명령을 존중하는 자는 보
상을 받는다.
14 지혜자의 가르침은 생명샘 같아
서, 사람을 사망의 올무에서 건져
준다.

7

8

9

10

11

12

13

14

15 슬기로운 마음은 은총을 입지
만, 사기꾼의 앞길은 험난하기만
하다.
16 슬기로운 사람은 매사에 신중하
나, 어리석은 사람은 자기 미련을
드러낸다.
17 못된 심부름꾼은 재앙을 가져오
나, 신실한 심부름꾼은 평안을 가
져다 준다.
18 징계를 무시하는 자는 가난과 수
치를 당하지만, 책망을 달게 받는
자는 존귀하게 된다.
19 소원을 성취하면 마음이 즐거우
나, 어리석은 자들은 악에서 떠나
기를 싫어한다.
20 지혜로운 자들과 함께 걸으면 지
혜롭게 되지만, 어리석은 자들과
친구가 되면 해만 당한다.
21 재앙은 죄인을 찾아다니고, 선한
보상은 의인을 따라다닌다.
22 선한 사람은 자기 재산을 후손 만
대에 물려주지만, 죄인의 재산은

15

16

17

18

19

20

21

22

의인에게 돌아간다.

23 가난한 사람은 열심히 노력하여
양식이 많아지지만, 불의한 사람
은 재산을 모두 잃게 된다.

24 회초리를 들지 못하는 사람은 자
기 자식을 미워하는 자니, 자기
자식을 사랑하는 부모는 부지런
히 자식을 훈련시킨다.

25 의인은 배불리 먹으나, 악인은 항
상 배고프다.

23

24

25

잠언으로 드리는 기도 하나님, 아버지께 깨지고 상한 마음을 드리오니
죄로 가득한 마음을 깨끗게 하시고 참 생명을 부어주소서.
겸손히 주님의 지혜를 따라 소망의 걸음 걷기를 원합니다.

말씀 적용하기

제14장

지혜로운 자와 미련한 자, 거만한 자와 명철한 자, 악인과 의인 등을 대조해,
하나님과 이웃에게 인정받는 올바른 삶이 무엇인지 가르쳐줍니다.

1 지혜로운 여인은 자기 집을 번영 1
하게 하지만, 미련한 여인은 자기
손으로 집을 망친다.
2 정직하게 행하는 사람은 여호와 2
를 경외하지만, 행위가 악한 사람
은 그분을 멸시한다.
3 미련한 사람은 말 때문에 자기 등 3
에 회초리를 맞으나, 지혜로운 자
의 입술은 자신을 보호한다.
4 소가 없으면 외양간이 깨끗하겠지 4
만, 소의 힘으로 얻는 것이 많다.
5 진실한 증인은 거짓말을 하지 않 5
지만, 거짓 증인은 거짓말을 밥먹
듯 내뱉는다.
6 거만한 자는 지혜를 찾아도 발견 6
하지 못하나, 명철한 사람은 쉽게
지식을 얻는다.

7 어리석은 자에게서 속히 떠나라.
그의 입술에서 무슨 배울 것이 있
겠는가?
8 슬기로운 사람의 지혜는 그의 길
을 밝혀 주지만, 어리석은 자의 미
련은 속이는 것뿐이다.
9 미련한 사람은 죄 용서받는 일을
비웃지만, 정직한 사람들은 은총
을 입는다.
10 마음의 고통은 남이 모르고, 기
쁜 마음도 역시 모른다.
11 악인의 집은 망하지만, 정직한 자
의 살림은 번창한다.
12 어떤 길은 사람이 보기에 좋아 보
여도, 결국은 죽음의 길이다.
13 웃을 때도 고통이 숨어 있고, 기
쁨의 끝에도 슬픔이 있다.
14 마음이 비뚤어진 사람은 행한 대
로 보응을 받겠고, 선한 사람도
자기 행실로 보상을 받는다.
15 미련한 자는 남의 말을 곧이곧대
로 듣지만, 슬기로운 사람은 신중

하게 행동한다.
16 지혜로운 사람은 여호와를 경외 16
하고 악한 일을 멀리하나, 어리석
은 자는 제멋대로 행동한다.
17 성미가 조급한 사람은 미련한 짓 17
을 하고, 음모를 꾸미는 자는 미
움을 받는다.
18 미련한 사람은 미련을 상속받지 18
만, 슬기로운 사람은 지식의 왕
관을 쓴다.
19 사악한 자들은 선인들 앞에서 고 19
개를 숙여야 하고, 악인들은 의인
의 문 앞에 엎드린다.
20 가난한 사람은 이웃도 피하지만, 20
부자는 친구가 많다.
21 자기 이웃을 업신여기는 사람은 21
죄를 짓는 것이지만, 가난한 자를
돕는 사람은 복이 있다.
22 음모를 꾸미는 자는 길을 잃고 방 22
황할 것이지만, 선한 것을 생각하
는 사람은 사랑과 신실함을 보장
받는다.

23 모든 수고는 이득을 가져오나,
말로만 하면 가난해질 뿐이다. 23
24 지혜로운 자가 쓸 면류관은 자기
의 지혜이지만, 미련한 사람이 쓸
화관은 자기의 미련이다. 24
25 진실한 증인은 죄 없는 사람들을
구하지만, 거짓 증인은 사람을 해
친다. 25
26 여호와를 경외하는 사람은 견고
한 요새를 가진 자이며, 그 후손
도 그로 인해 피난처를 얻는다. 26
27 여호와를 경외하는 것이 생명의
샘이니, 사람을 사망의 올무에서
건진다. 27
28 백성이 많은 것은 왕의 영광이지
만, 백성이 없는 왕은 망한다. 28
29 화를 참는 자는 지혜로우나, 성
미가 조급한 사람은 미련을 드러
낸다. 29
30 마음이 편하면 신체도 건강하나,
질투심은 뼈를 썩게 만든다. 30
31 가난한 사람을 학대하는 자는 저 31

들을 만드신 주를 멸시하는 것이
며, 궁핍한 자에게 베푸는 자는
하나님을 경외하는 것이다.
32 재앙이 오면 악인은 망하지만, 의
인은 죽을 자리에서도 피난처를
얻는다.
33 지혜는 슬기로운 사람의 마음에
는 간직되지만, 심지어 어리석은
사람 중에서도 알려진다.
34 의로운 사람들은 자기 나라를 번
창하게 하지만, 죄는 백성을 부끄
럽게 만든다.
35 왕은 지혜로운 신하를 기뻐하나,
해를 끼치는 신하에게는 진노를
발한다.

32

33

34

35

잠언으로 드리는 기도 우리의 슬픔과 고통을 누구보다 잘 아시는 주님,
주님 앞에 상처투성이인 제 마음을 내어놓습니다.
치료의 손길로 만져주시고, 제 마음을 주님의 거처로 삼아주소서.

말씀 적용하기

제15장

계속해서 대조적인 두 부류의 특성을 열거하면서 말의 중요성을 강조하고, 인격의 장소인 마음의 상태에 대해 설명합니다.

1 부드러운 대답은 화를 가라앉히지만, 과격한 말은 노를 일으킨다. 1

2 지혜 있는 자의 혀는 지식을 전달하지만, 어리석은 자의 입은 미련을 토해 낸다. 2

3 여호와의 눈은 미치지 않는 곳이 없어, 악인이나 선인 모두를 보고 계신다. 3

4 온화한 말은 생명나무와 같지만, 잔인한 말은 마음을 상하게 한다. 4

5 미련한 사람은 자기 아버지의 징계를 업신여기나, 책망을 듣는 자는 슬기롭다. 5

6 의인의 집에는 많은 재물이 있지만, 악인의 소득은 오히려 괴로울 6

뿐이다.
7 지혜로운 자의 입술은 지식을 전
파하나, 어리석은 자의 마음은 그
렇지 않다.
8 악인의 제사는 여호와께서 미워
하시지만, 정직한 자의 기도는 기
뻐하신다.
9 악인의 길은 여호와께서 미워하
시나, 의를 따라가는 자는 기뻐
하신다.
10 바른 길에서 떠나는 자는 엄중한
처벌을 받고, 책망을 싫어하는 자
는 죽는다.
11 무덤과 사망도 여호와 앞에는 환
히 드러난다. 하물며 여호와께서
사람의 마음을 어찌 모르시겠는
가?
12 거만한 사람은 책망을 싫어하여,
지혜로운 사람에게 가지 않는다.
13 마음이 즐거우면 얼굴이 환하지
만, 마음의 근심은 영혼을 상하게
한다.

14 슬기로운 마음은 지식을 추구하
나, 어리석은 자들의 입은 미련을
먹고 산다.
15 고통당하는 자의 나날은 비참하
나, 마음이 즐거운 자는 늘 축제
를 연다.
16 재물이 없어도 여호와를 모신 삶
이, 많은 재산을 갖고 있으면서
문제가 많은 것보다 낫다.
17 채소만 먹어도 서로 사랑하는 것
이, 쇠고기로 잔치하면서 싸우는
것보다 낫다.
18 성미가 급한 사람은 다툼을 일으
키나, 참는 사람은 싸움을 그치
게 한다.
19 게으른 사람의 길은 가시밭이나,
정직한 사람의 길은 넓고 평탄한
길이다.
20 지혜로운 아들은 아버지를 기쁘
게 하나, 어리석은 사람은 자기
어머니를 멸시한다.
21 지혜롭지 못한 사람은 미련을 즐

14

15

16

17

18

19

20

21

기지만, 명철한 사람은 바른 길을
걷는다.
22 의논이 없으면 계획이 실패하고, 22
조언자들이 많으면 성공한다.
23 사람은 대답하는 말을 듣고 기쁨 23
을 얻나니, 적절하게 맞는 말을
하는 것이 얼마나 값진 일인가?
24 지혜로운 자의 길은 위로 생명 길 24
과 연결되어, 아래 무덤으로 떨어
지는 것을 막아 준다.
25 여호와께서는 교만한 사람의 집 25
은 허시지만, 과부의 밭은 지켜
주신다.
26 악인의 생각은 여호와께서 미워 26
하시나, 선한 자의 생각은 기뻐하
신다.
27 탐욕을 부리는 자는 자기 가족에 27
게 재앙을 가져오나, 뇌물을 미워
하는 자는 형통할 것이다.
28 의인은 신중히 대답하나, 악인의 28
입은 악을 마구 토해 낸다.
29 여호와께서는 악인을 멀리하시 29

나, 의인의 기도는 들으신다.

30 마음의 기쁨은 눈을 통해 빛나고, 좋은 소식은 뼈를 건강하게 만들어 준다.

31 생명을 주는 책망에 귀기울이는 자는 지혜로운 자들 가운데 살 것이다.

32 훈계를 무시하는 사람은 자기를 멸시하는 자이지만, 책망을 듣는 자는 총명을 얻는다.

33 여호와를 경외하는 것은 사람에게 지혜를 준다. 겸손하면 영예가 뒤따른다.

30

31

32

33

잠언으로 드리는 기도 하나님, 게으름을 멀리하게 하시고,
주님이 허락하신 이 땅의 시간을 현명하고 알차게 사용하게 하소서.
제 모든 시간의 주인이 하나님이심을 고백합니다.

말씀 적용하기

DATE . . .

제16장

어떤 일을 도모할 때 필히 명심해야 할 주옥같은 지침으로,
가장 핵심적인 지침은 모든 행사를 여호와께 맡기라는 것입니다.

1 마음의 계획은 사람이 세우지만, 그 일을 이루시는 분은 여호와이시다. 1

2 사람의 행위가 자기 보기에는 모두 깨끗하여도, 여호와께서는 마음을 살피신다. 2

3 너의 일을 여호와께 맡겨라. 그러면 너의 계획이 성공할 것이다. 3

4 여호와께서 모든 것을 자기 목적대로 지으셨나니, 악인은 재앙의 날을 위해 만드셨다. 4

5 마음이 교만한 자는 여호와께서 미워하시며, 반드시 그들을 처벌하신다. 5

6 사랑과 신실함으로 죄를 용서받고, 여호와를 경외함으로 악을 멀리하게 된다. 6

7 사람의 행위가 여호와를 기쁘시
게 하면, 그 사람의 원수까지도
화목하게 하신다.
8 적은 재물로 의롭게 사는 것이,
부정하게 얻은 재물을 쌓아 놓고
사는 것보다 낫다.
9 사람은 자기 마음에 앞날을 계획
하지만, 그 걸음을 정하시는 이는
여호와이시다.
10 왕의 입술은 지혜를 말하고, 그
의 입은 바른 것에서 떠나지 말아
야 한다.
11 정확한 저울과 천칭은 여호와께
서 정하신 것이요, 모든 저울추 역
시 그분이 정하신다.
12 왕은 악한 일을 미워해야 한다.
공의로만 왕위가 튼튼히 세워지
기 때문이다.
13 왕은 정직한 입술을 기뻐하고, 진
리를 말하는 사람을 귀하게 여겨
야 한다.
14 왕이 노하면 사람을 죽일 수 있으

7

8

9

10

11

12

13

14

나, 지혜로운 자는 그 진노를 풀
게 한다.
15 왕의 얼굴빛이 환하면 살 수 있으
니, 그의 은총은 봄비를 담은 구
름과 같다.
16 지혜를 얻는 것이 금을 얻는 것보
다 낫고, 명철을 얻는 것이 은을
얻는 것보다 낫다.
17 악을 피하면 정직한 자의 길이 뚫
리나니, 그 길을 걷는 사람은 자
기 생명을 지킨다.
18 교만은 파멸의 선봉장이고, 거만
한 마음은 넘어짐의 앞잡이다.
19 겸손한 자들과 함께 사는 것이,
교만한 자들과 빼앗은 물건을 나
누는 것보다 낫다.
20 가르침에 순종하는 사람은 잘되
며, 여호와를 신뢰하는 자는 복이
있다.
21 마음이 지혜로운 자는 슬기롭다
하고, 사람들은 부드러운 말을
잘 듣는다.

15

16

17

18

19

20

21

22 명철한 사람은 생명샘을 가진 자
이나, 미련한 사람은 그 미련함
때문에 벌을 받는다.
23 지혜로운 자의 마음은 그의 입을
다스리고, 그의 입술을 잘 가르
친다.
24 부드러운 말은 송이꿀과 같아서,
영혼에 달며 뼈를 치료한다.
25 어떤 길은 바르게 보일지 모르나
결국은 죽음으로 인도한다.
26 사람은 배가 고파야 일을 하고,
허기져야 일거리를 찾는다.
27 불량배는 범죄를 꾀하고, 그의
말은 모조리 태워 버리는 불과
같다.
28 비뚤어진 사람은 다툼을 일으키
고, 남의 말을 좋아하는 사람은
친구 사이를 갈라놓는다.
29 사악한 사람은 자기 이웃을 꾀어
서 멸망의 길로 인도한다.
30 눈짓하는 사람은 음모를 꾸미는
자이며, 입술을 심술궂게 다문 사

람은 죄를 저지른다.
31 백발은 영예로운 면류관이니, 의
로운 삶을 통해 얻는다.
32 노하기를 더디 하는 사람은 용사
보다 낫고, 자기를 다스릴 줄 아
는 자는 성을 정복하는 자보다
낫다.
33 사람이 제비를 뽑지만, 그 결정은
여호와께서 하신다.

31

32

33

잠언으로 드리는 기도 하나님, 내 생각과 계획을 의지하여
하나님의 뜻을 소홀히 여기지 않게 하시고,
주님의 선하신 뜻을 이루는 인생이 되게 하소서. 제 모든 삶을 주님께 맡겨드립니다.

말씀 적용하기

제17장

악행을 일삼는 자는 새끼를 빼앗긴 암곰보다 더 위험하고 혐오스럽습니다.
그런 사람과 함께하기보다는 한 조각의 떡만 먹으며 화목하게 지내는 편이 낫습니다.

1 마른 빵 한 조각만 있어도 화목한 것이, 먹을 것을 많이 차려 놓고 싸우는 집안보다 낫다. 1

2 지혜로운 종은 주인의 부끄러운 아들을 다스리고, 그 아들이 받을 재산을 함께 받을 것이다. 2

3 도가니가 은을, 풀무가 금을 녹이듯, 여호와는 사람의 마음을 시험하신다. 3

4 악을 행하는 사람은 악한 말을 따르고, 거짓말하는 사람은 험담에 귀를 기울인다. 4

5 가난한 자를 비웃는 사람은 그를 만드신 분을 멸시하는 것이며, 남이 망하는 것을 기뻐하는 사람은 절대 벌을 면치 못할 것이다. 5

6 손자는 노인의 면류관이고, 부모 6

는 자식들의 자랑이다.

7 미련한 자가 거만하게 말하는 것 7
이 어울리지 않는 것처럼 통치
자가 거짓말하는 것도 합당하지
않다.

8 뇌물은 그것을 주는 자가 생각하 8
기에 요술과 같아서, 옳지 않은
일을 마음대로 하게 한다.

9 모욕을 갚지 않는 것은 사랑을 9
구하는 것이지만, 지난 일을 자꾸
끄집어 내면 친구도 원수가 된다.

10 슬기로운 자는 한마디 책망에 깨 10
우치나, 어리석은 자는 매를 백
대 맞아도 알지 못한다.

11 악인은 늘 대들려고 하니, 그런 11
자에게는 무자비한 처벌이 있을
것이다.

12 새끼들을 빼앗긴 암곰을 만나는 12
것보다도, 미련하고 어리석은 자
를 만나는 것이 더 두렵다.

13 배은망덕하면, 재앙이 그의 집에 13
서 늘 떠나지 않을 것이다.

14 다툼의 시작은 댐의 작은 구멍과
같으니, 싸움이 일어나기 전에 따
지기를 그만두어라.
15 범죄자를 무죄 석방시키고, 무고
한 자를 죄인으로 만드는 일은 여
호와께서 모두 미워하신다.
16 어리석은 자가 가진 돈은 가치가
없다. 왜냐하면 그는 지혜를 살
생각을 못하기 때문이다.
17 친구는 변함없이 사랑하고, 형제
는 어려울 때에 돕는다.
18 지혜롭지 못한 사람은 남의 보증
을 서 주고, 자기 이웃의 보증인
이 된다.
19 다툼을 좋아하는 자는 죄를 사랑
하는 자이며, 높은 문을 만드는
자는 파괴를 구하는 자이다.
20 마음이 비뚤어진 사람은 형통하
지 못하고, 그 혀로 남을 해치는
말을 하는 자는 재앙에 빠진다.
21 어리석은 자를 자식으로 둔 자는
근심하고, 바보 자식을 둔 아버지

14

15

16

17

18

19

20

21

에게는 도대체 즐거움이 없다.
22 마음이 즐거우면 신체가 건강하 22
나, 영이 상하면 뼈가 마른다.
23 악인은 은밀히 뇌물을 받고 재판 23
을 잘못되게 한다.
24 명철한 자는 늘 지혜를 바라보나, 24
어리석은 자의 두 눈은 땅끝을 헤
맨다.
25 어리석은 자식은 그의 아버지에게 25
근심을 주고 어머니에게는 고통
을 안겨 준다.
26 죄가 없는 자를 처벌하는 것이나, 26
존귀한 사람을 정직하다고 해서
때리는 것은 옳지 않다.
27 지식이 있는 사람은 말을 신중히 27
사용하고, 명철한 사람은 감정을
잘 조절한다.
28 바보라도 침묵하면 지혜롭게 보 28
이고, 입술을 다물면 지성인으로
여겨진다.

도가니가 은을, 풀무가 금을 녹이듯,

여호와는 사람의 마음을 시험하신다.

_ 잠 17:3

잠언으로 드리는 기도 하나님, 교만하여 다툼을 일으키는 자가 아닌,
예수님의 방법으로 갈등을 해결하는 지혜자가 되길 원합니다.
두 눈이 땅끝에 머무는 어리석음을 버리고, 주님의 지혜를 보게 하소서.

말씀 적용하기

제18장

공동체 안에서 지혜롭게 살아가는 방법에 초첨을 맞추고,
그릇된 삶의 태도와 지혜로운 삶의 방법을 말합니다.

1 이기적인 자는 자기만 생각하고, 1
남의 도움을 무시한다.
2 어리석은 자는 명철에 도무지 2
관심이 없고, 자기 생각만 떠벌
린다.
3 죄를 지으면 멸시를 당하고, 수치 3
와 불명예까지 따라온다.
4 사람의 말은 깊은 물과 같고, 지 4
혜의 샘은 쉬지 않고 흐르는 시내
와 같다.
5 범죄자 편을 들어서, 무고한 사람 5
을 죄 있다고 재판하는 것은 옳지
않다.
6 어리석은 자의 입술은 분쟁을 6
일으키고, 그의 입은 매를 자초
한다.
7 어리석은 자의 입은 그를 파멸로 7

이끌고, 그의 입술은 자기에게 올
무가 된다.
8 고자질은 맛있는 음식 같아서 마 8
음 깊이 남는다.
9 자기 일을 게을리하는 자는 멸망 9
하는 자의 형제이다.
10 여호와의 이름은 강력한 망대 같 10
아서 그리로 피하는 의인은 안전
하다.
11 부자들의 재물은 자기들에게 요 11
새와 같다. 저들은 재물이 자기들
을 보호해 줄 거라고 믿는다.
12 마음의 교만은 멸망의 선봉장이 12
요, 겸손은 존귀의 앞잡이다.
13 듣기 전에 대답하는 자는 미련하 13
여 수치를 당한다.
14 사람의 영이 병을 이기게 하는데, 14
영이 상하면 어떻게 할 수 있을
까?
15 명철한 자의 마음은 지식을 얻고, 15
지혜자의 귀는 지식을 찾는다.
16 선물을 주는 자는 그 앞길이 열려 16

서, 중요한 사람 앞으로 나아가
게 될 것이다.
17 재판에서 원고의 말이 옳은 듯 17
해도, 피고가 오면 사정이 달라
진다.
18 제비를 뽑아 눈쟁을 해결하고, 서 18
로 싸우는 둘 사이를 판결할 수
있다.
19 모욕을 당한 형제의 마음은 요새 19
보다 정복하기 어렵고, 다툼은 요
새의 빗장같이 마음을 닫게 한다.
20 말은 음식이 배를 채워 주는 것 20
처럼 그 영혼을 만족시킨다. 곧
입술의 바른 말이 사람을 만족시
킨다.
21 혀는 살리기도 죽이기도 하는 힘 21
을 가졌으니, 혀를 놀리기 좋아하
는 자는 그 대가를 받을 것이다.
22 아내를 찾은 자는 행복을 찾은 22
자요, 여호와께 은총을 입은 자
이다.
23 가난한 자는 긍휼을 구하나, 부 23

자는 거만하게 말할 뿐이다.

24 친구인 척하는 자도 많지만, 어떤
친구는 형제보다 낫다.

24

잠언으로 드리는 기도 하나님, 겸손히 다른 사람의 말을 잘 들을 수 있는 귀를 주소서. 제 입술의 말을 깊은 샘물과 같게 하사, 하나님의 생명과 유익을 세상에 전하게 하소서.

제19장

의인과 악인, 지혜로운 자와 어리석은 자의 차이점이
뚜렷하게 대조되고 있습니다.
관용과 인자한 태도를 적극적으로 권장합니다.

1 흠 없이 행하는 가난한 사람을 입 1
술이 사악하고 어리석은 사람에
게 비길 것인가?
2 지식 없는 열심은 위험하고, 조급 2
히 일을 처리하면 그르친다.
3 자기의 미련 때문에 망하고서도 3
마음으로 여호와를 원망한다.
4 부유하면 친구가 많지만, 가난한 4
사람의 친구는 그를 버린다.
5 거짓 증인은 처벌을 면치 못하고, 5
거짓말을 내뱉는 자 역시 벌을 피
하기 어렵다.
6 너그러운 사람에게는 은혜를 구 6
하는 자가 많고, 선물을 주는
자에게는 누구나 가까이 가려
한다.
7 가난하면 친척들도 멀리하니 친구 7

들이야 말할 것도 없다. 사정해도
친구들은 달아날 뿐이다.
8 지혜를 얻는 자는 자기를 사랑하
는 자이며, 명철을 귀히 여기는 자
는 형통할 것이다.
9 거짓 증인은 처벌을 면치 못하
고, 거짓말을 내뱉는 자도 망할
것이다.
10 어리석은 자의 사치가 옳지 못하
듯, 종이 주인을 다스리는 것도
옳지 못하다.
11 슬기로운 사람은 쉽게 화내지 않
으며, 허물을 덮어 주어 자신의 영
광으로 삼는다.
12 왕의 노함은 사자의 부르짖음 같
고, 그의 은총은 풀에 내리는 이
슬 같다.
13 어리석은 아들은 그 부친을 망하
게 하고, 다투는 아내는 계속 떨
어지는 빗방울과 같다.
14 집과 재물은 부모에게서 상속받
지만, 슬기로운 아내는 여호와께

8

9

10

11

12

13

14

서 주신다.

15 게으름은 사람을 깊은 잠에 빠
지게 하고, 게으른 사람은 굶주
린다.

16 교훈에 순종하는 사람은 자기 생
명을 지키나, 말씀대로 살지 않는
사람은 죽을 것이다.

17 가난한 자에게 베푸는 일은 여호
와께 빌려 드리는 것이니, 그분이
후하게 보상하신다.

18 아직 희망이 있을 때에 자식을 징
계하여라. 그가 망할 때까지 내버
려 두지 마라.

19 성미가 조급한 사람은 화를 자초
하여, 건져 주어도 또 같은 잘못
을 저지른다.

20 조언을 듣고 교훈에 순종하여라.
그러면 마침내 지혜롭게 될 것
이다.

21 사람의 마음에는 많은 계획이 있
지만, 결국 여호와의 뜻대로 성취
된다.

15

16

17

18

19

20

21

22 사람이 바라는 것은 변함없는 사랑이다. 거짓말을 하는 것보다는 가난함이 낫다.

23 여호와를 경외하면 형통하고 만족감을 얻으며 재난을 피한다.

24 게으른 사람은 손을 밥그릇에 얹고도, 자기 입에 집어넣기를 귀찮아한다.

25 거만한 자를 매질하여라. 그러면 미련한 자가 깨닫게 될 것이다. 명철한 자를 책망하여라. 그러면 그가 지식을 얻을 것이다.

26 자기 아버지를 구박하고 자기 어머니를 쫓아내는 자식은, 수치와 부끄러움의 자식이다.

27 내 아들아, 교훈을 듣지 않으면, 결국 너는 지식의 말씀에서 벗어날 것이다.

28 악한 증인은 법을 비웃고, 악인의 입은 죄를 물 마시듯 한다.

29 징계는 거만한 자들을 위한 것이요, 매는 어리석은 자들에게 필요

22

23

24

25

26

27

28

29

DATE . . .

한 것이다.

잠언으로 드리는 기도 하나님, 세상의 힘과 인기에 연연하지 않고
진실함과 사랑으로 관계 맺는 사람이 되게 하소서.
우리가 구할 것은 부와 명성이 아니라, 오직 하나님뿐임을 고백합니다.

말씀 적용하기

제20장

경건생활에 대한 교훈으로 첫째는 절제의 미덕을 강조했고,
둘째는 하나님의 주권에 대한 순종을 강조했습니다.

1 포도주를 마시면 우쭐해지고, 독주를 마시면 싸움질을 한다. 이것들에 빠진 자는 지혜가 없다. 1

2 왕의 진노는 사자의 부르짖음과 같고, 왕을 화나게 하면 생명을 잃는다. 2

3 다툼을 피하는 것은 영예로운 일이나, 미련한 자는 조급히 싸우려 든다. 3

4 게으른 사람은 농사철에 쟁기질을 안 하니, 추수 때에 거두려고 해도 거둘 것이 없다. 4

5 사람의 마음에 세운 계획들은 깊은 물과 같지만, 명철한 사람은 그것도 알아챈다. 5

6 사람들은 저마다 자기가 신실하다고 하지만, 누가 신실한 사람을 6

찾을 수 있을까?

7 의인은 흠 없는 삶을 살고, 그의 후손들은 복되다. 7

8 판사 자리에 앉은 왕은 죄인을 한 눈에 알아본다. 8

9 "나는 마음이 깨끗하다, 나는 정결하여 죄가 없다"고 주장할 사람이 있겠는가? 9

10 정확하지 않은 저울추나 되들은 여호와께서 미워하신다. 10

11 아이일지라도 그 행동으로 자신들의 깨끗함과 옳음을 나타낸다. 11

12 듣는 귀와 보는 눈은 모두 여호와께서 만드셨다. 12

13 잠자기를 좋아하면 가난해진다. 깨어 있어라. 그러면 쌓아 둘 양식이 생길 것이다. 13

14 물건을 살 때는 "이것도 별로군요, 저것도 별로군요"라고 하지만, 산 다음에는 자기가 산 물건을 자랑한다. 14

15 세상에는 금과 귀한 보석들이 많 15

지만, 지식을 말하는 입이 가장
귀한 보물이다.
16 타인을 위해 보증 서는 사람의 의 16
복을 취하여라. 다른 지방 사람
을 위해 보증 섰다면 꼭 그 사람
을 잡아 두어라.
17 속여서 얻은 음식은 정말 맛있는 17
것 같지만, 나중에는 입 안에 자
갈이 가득할 것이다.
18 조언을 듣고 계획을 세워라. 전 18
쟁을 하려면 지혜로운 조언을 들
어라.
19 수다쟁이는 비밀을 누설하니 피 19
하여라.
20 자기 부모를 저주하는 자의 등불 20
은 캄캄함 중에 꺼질 것이다.
21 일확천금은 결과적으로 복이 되 21
지 아니한다.
22 "내가 이 모욕을 갚으리라"고 말 22
하지 말고 여호와를 기다려라. 그
러면 그분이 너를 구원해 주실 것
이다.

23 속이는 저울추는 여호와께서 미
워하신다. 부정확한 저울들도 좋
아하지 않으신다.
24 사람의 가는 길을 여호와께서 인
도하시니, 사람이 어찌 자기 앞길
을 알랴!
25 조급하게 "이것을 주님께 바치리
라"고 서원하면 나중에 후회할
수 있다.
26 지혜로운 왕은 죄인을 분별해 내
니, 탈곡기에 그들을 돌리는 것과
같다.
27 여호와의 등불이 사람의 영을 비
추니, 그것이 사람의 마음속을 드
러낸다.
28 왕은 변하지 않는 사랑과 신실함
으로 강대해지고, 사랑을 통해
왕위가 견고해진다.
29 젊은이의 영광은 그 힘이지만, 노
인의 영광은 백발이다.
30 상처를 입히도록 때려야 죄를 저
지를 생각을 안 하고, 매질은 마

23

24

25

26

27

28

29

30

음속까지 청소한다.

잠언으로 드리는 기도 하나님, 우리를 창조하신 하나님의 목적과 그 마음을 알게 하소서. 제 육신이 하나님을 기쁘시게 하며, 주님의 뜻을 이루는 도구로 사용되기 원합니다.

말씀 적용하기

DATE . . .

제21장

공의를 행할 것과, 악인이 결국에는 공의의 심판을 받아
소멸할 것을 말하고 있습니다.
계속해서 의인과 악인의 대조적인 모습을 묘사합니다.

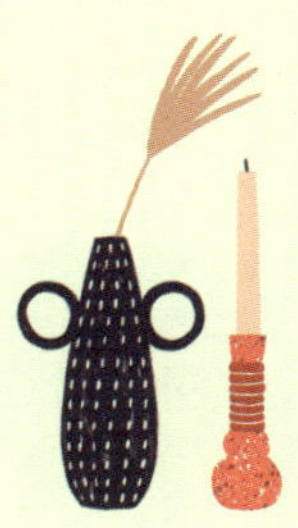

1 왕의 마음이 여호와의 손 안에 있 1
다. 그분은 자기 원하시는 대로
물길처럼 그 마음을 바꾸신다.
2 사람의 모든 행위가 자기에게 옳 2
게 여겨져도, 여호와께서는 마음
을 살피신다.
3 의로운 생활이 형식적인 제사보 3
다 여호와를 기쁘시게 한다.
4 거만한 두 눈과 교만한 마음, 악 4
인의 형통한 것 등은 모두 하나님
의 뜻에 어긋난다.
5 부지런한 자의 계획은 부유하게 5
만들지만, 조급한 행동은 궁핍함
만 가져온다.
6 거짓된 혀로 모은 재산은 흩어지 6
는 수증기 같고, 죽음을 불러오
는 함정이다.

7 악인은 난폭하게 굴다 다친다. 왜냐하면 저들은 올바르게 살려 하지 않기 때문이다.

8 범죄자의 길은 비뚤지만, 죄 없는 자의 행동은 곧다.

9 옥상 한구석에 사는 것이, 다투는 여인과 함께 집에 사는 것보다 낫다.

10 악인은 늘 범죄할 궁리를 하니, 그 이웃까지 무자비하게 희생시킨다.

11 거만한 자가 처벌을 당하면 미련한 자가 지혜를 얻고, 지혜자가 교훈을 받으면 지식을 얻는다.

12 의로우신 분은 악인의 집을 주목하시고, 악인을 멸망시키신다.

13 가난한 자의 부르짖음에 귀를 막으면, 자기가 부르짖을 때에 응답을 받지 못할 것이다.

14 은밀하게 건네 준 선물은 노를 풀게 하고, 옷에 숨겨 전달된 뇌물은 화를 그치게 한다.

7

8

9

10

11

12

13

14

15 법을 올바로 시행하면, 의인은 기 15
뻐하고 악한 자는 두려워한다.
16 명철한 자의 길에서 떠난 자는 죽 16
은 자들 가운데 이를 것이다.
17 쾌락을 좋아하는 자는 궁핍해지 17
고, 술과 기름을 탐하는 자는 결
코 부자가 되지 못한다.
18 악인은 의인을 구하기 위해 주어 18
지고, 사기꾼은 정직한 자를 구하
기 위해 사용될 것이다.
19 따지고 바가지 긁는 아내와 함께 19
사는 것보다, 사막에 홀로 사는
것이 낫다.
20 지혜 있는 자의 집에는 귀한 보배 20
와 기름이 있으나, 어리석은 자는
가진 모든 것을 삼켜 버린다.
21 의롭고 신실하게 사는 사람은 21
형통하고, 번창하고, 영예를 얻
는다.
22 지혜로운 사람은 용사가 지키는 22
성을 공격하여 저들이 의지하는
요새를 허물어 버린다.

23 자기 입과 혀를 지키는 사람은 재난에서 자신을 지킨다.

24 교만하고 거만한 사람을 비웃는 자라고 부르니, 이는 그가 아주 거만하게 행동하기 때문이다.

25 게으름뱅이는 손으로 일할 생각은 안 하고 꿈만 꾸다 죽고 만다.

26 어떤 사람은 하루 종일 욕심만 부리지만, 의인은 아낌없이 베푼다.

27 악인의 제물은 가증한데, 악한 동기로 바치는 경우라면 더욱 그렇다.

28 거짓 증인은 망하고, 그의 말을 듣는 자도 영원히 망할 것이다.

29 악인은 뻔뻔스럽게 행동하지만, 정직한 사람은 신중히 행동한다.

30 여호와를 거스르는 것은 그 어떤 지혜, 통찰력, 계획으로도 성공하지 못한다.

31 전쟁을 대비하여 말을 준비해도, 승리는 여호와께 달려 있다.

DATE . . .

사람의 모든 행위가 자기에게 옳게 여겨져도,

여호와께서는 마음을 살피신다.

_ 잠 21:2

잠언으로 드리는 기도 하나님, 인생에서 정말 중요한 것이 무엇인지 분별하게 하시어 불의한 세상에 물들지 않게 하소서. 거룩한 방법을 추구하며 하나님과 동행하기 원합니다.

말씀 적용하기

제22장

올바른 삶을 선택하도록 유도하고,
지혜의 말씀에 귀 기울일 것을 당부합니다.

1 명예가 많은 재물보다 귀하고, 좋은 평판이 금은보화보다 훨씬 낫다. 1

2 부자와 가난한 자가 섞여 사니, 여호와께서 그들 모두를 만드셨다. 2

3 슬기로운 사람은 위험을 보면 피하나, 미련한 자는 제 발로 들어가 화를 당한다. 3

4 사람이 겸손히 여호와를 경외하면 재물과 영예와 생명을 얻는다. 4

5 사악한 사람의 길에는 도처에 가시와 함정이 있지만, 자기를 지키는 자는 그런 것들을 피한다. 5

6 아이에게 올바른 길을 가르쳐라. 그러면 늙어서도 그 길을 떠나지 않을 것이다. 6

DATE . . .

7 부자는 가난한 자를 다스리고,
빚진 자는 꾸어 준 자의 종이다.
8 악을 행하는 자는 재난을 거두고,
그런 자의 분노는 쇠약해진다.
9 남을 동정하는 사람은 축복을 받
으리니, 가난한 자와 자기 음식을
나누기 때문이다.
10 거만한 자를 쫓아내어라. 그러
면 분쟁과 다툼과 모욕이 그칠
것이다.
11 정결한 마음을 사랑하는 자, 그
말이 은혜로운 자는 왕의 친구가
될 것이다.
12 여호와의 눈은 지식 있는 자를 지
키시나, 사기꾼의 말은 패하게 하
신다.
13 게으른 사람은 "사자가 밖에 있
으니, 길거리에 나가면 죽을 것이
다"라고 말한다.
14 창녀의 입은 깊은 구덩이와 같으
니, 여호와의 진노를 받는 자는
그곳에 떨어질 것이다.

7

8

9

10

11

12

13

14

15 어린이의 마음에는 미련이 담겨 있다. 징계의 채찍으로 때리면 없앨 수 있다.

16 자기 재산을 늘리려고 가난한 자를 학대하는 자와 부자에게 뇌물을 바치는 자는 모두 가난에 떨어질 것이다.

15

16

들어야 될 지혜 있는 자의 말

들어야 될 지혜 있는 자의 말

17 귀를 기울여 지혜자의 말을 들어라. 나의 교훈을 네 마음에 두어라.

18 그것들을 네 마음속에 간직하여, 언제든지 입술로 말할 수 있다면 얼마나 좋을까?

19 여호와를 의지하도록 하기 위해 나는 오늘 너에게 특별히 권한다.

20 내가 너에게 모략과 지식의 말씀 서른 가지를 기록해 주었다.

21 바르고 신뢰할 수 있는 말씀으로 너를 가르쳐, 너를 보낸 자에게 올바르게 대답할 수 있게 하였다.

17

18

19

20

21

22 가난한 자를 힘없다고 이용하지 말고, 약한 자를 성문에서 압제하지 마라.

23 여호와께서는 그들의 사정을 듣고, 그들을 학대한 자들을 벌하실 것이다.

24 화풀이 잘하는 사람과 사귀지 말고, 성 잘 내는 사람과 사귀지 마라.

25 네가 그의 행위를 본받아 올무에 빠질까 두렵다.

26 너는 타인의 보증을 서지 말고, 타인의 빚 보증인이 되지 마라.

27 네가 갚을 돈이 없으면, 네가 누운 침대마저 차압당할 것이다.

28 네 조상이 세운 밭 울타리를 함부로 옮기지 마라.

29 자기 일에 충실한 사람을 봤느냐? 그런 사람은 하찮은 사람을 섬길 인물이 아니니 왕을 섬길 것이다.

아이에게 올바른 길을 가르쳐라.

그러면 늙어서도 그 길을 떠나지 않을 것이다.

_ **잠 22:6**

잠언으로 드리는 기도 하나님, 제 능력과 행위를 사람들에게 인정받고
싶어했던 모습을 회개합니다. 저 같은 죄인에게
예수 그리스도를 주신 것만으로도 만족하고 기뻐하게 하소서.

말씀 적용하기

제23장

탐욕과 육신적 쾌락을 멀리하는
절제된 삶에 대한 교훈이 담겨 있습니다.

1 네가 높은 관리와 함께 식사를 1
할 때, 네 앞에 무엇이 있는지 잘
보아라.
2 식욕이 일어나거든 네 목에 칼을 2
들이대라.
3 그의 진미를 탐하지 마라. 그것은 3
사람을 속인다.
4 부자가 되려다 건강을 해친다. 분 4
수에 맞게 사는 지혜를 배워라.
5 아무리 재물에 눈독을 들여도, 5
재물은 날개가 달린 독수리처럼
창공으로 훨훨 날아가 버릴 것
이다.
6 구두쇠의 음식은 먹지 말고, 그의 6
진수성찬을 탐하지 마라.
7 그런 사람은 속으로 '저것이 얼마 7
인데!' 하고 계산한다. "먹고 마

시라"고 말은 하겠지만, 마음으
로는 아까워한다.
8 네가 조금 먹은 것도 토하겠고,
네가 말한 칭찬도 소용없게 될 것
이다.
9 어리석은 자가 듣는 데서 말하지
마라. 그가 네 지혜를 비웃을 것
이다.
10 조상들이 세운 밭 울타리를 옮기
지 말고, 고아의 밭이라고 야금야
금 취하지 마라.
11 그들의 보호자는 힘이 있으니, 그
보호자가 그들의 사정을 듣고 너
를 벌할 것이다.
12 훈계를 명심하고, 지식의 말씀에
귀를 기울여라.
13 아이에게 회초리를 아끼지 마라.
매질한다고 죽지는 않는다.
14 따끔하게 처벌해서 바로잡아야
아이가 올바르게 될 것이다.
15 내 아들아, 네 마음이 지혜를 깨
우친다면, 내가 얼마나 기쁘겠느

8

9

10

11

12

13

14

15

냐?

16 네 입술이 올바른 것을 말한다면,
내 심장이 얼마나 기뻐하겠느냐?

17 네 마음으로 죄인들을 부러워하
지 말고, 언제나 여호와를 경외하
여라.

18 그러면 네 앞길이 환하게 열릴 것
이고, 네 소망이 끊어지지 않을 것
이다.

19 내 아들아, 내 말을 듣고 지혜를
얻어라. 네 마음을 바른 길에 두
어라.

20 술이나 고기를 탐하는 자와 어울
리지 마라.

21 술에 취하고 먹는 것만 밝히는 사
람은 가난에 떨어지고, 게으른 사
람은 누더기를 걸칠 것이다.

22 너를 낳은 아버지에게 순종하고,
네 어머니가 나이 들어도 무시하
지 마라.

23 진리를 사고, 팔지는 마라. 지혜
와 훈계, 명철을 사라.

16

17

18

19

20

21

22

23

24 의인의 아버지는 크게 기뻐하리
라. 지혜로운 아들을 낳은 자는 그
아들 때문에 기쁨을 얻을 것이다.
25 네 부모를 즐겁게 해 드려라. 너
를 낳아 주신 분을 기쁘게 해 드
려라.
26 내 아들아, 네 마음을 내게 주고,
네 눈으로 내가 사는 모습을 보
고 즐거워하여라.
27 창녀는 깊은 구덩이며, 바람난 여
인은 좁은 웅덩이다.
28 그녀는 강도처럼 숨어서 기다리다
가 수많은 남자들을 망친다.
29 재앙이 누구에게 있는가? 슬픔
이 누구에게 있는가? 분쟁이 누
구에게 있는가? 불평이 누구에게
있는가? 누가 불필요한 상처와
충혈된 눈을 가지고 있는가?
30 술독에 빠진 자에게 있고, 독한
술을 들이키는 자에게 있다.
31 술잔에 따라진 포도주가 붉고 번
쩍이며 목으로 술술 넘어가도 너

24
25
26
27
28
29
30
31

는 거들떠보지 마라.
32 마침내 그것이 뱀같이 물 것이요, 32
독사같이 쏠 것이다.
33 너의 눈은 이상한 것들을 보고, 33
입은 허튼 소리를 지껄이게 될 것
이다.
34 너는 망망대해 가운데서, 돛대 34
꼭대기에 누워 잠자는 자 같을 것
이다.
35 "아무리 때려 봐라. 하나도 아프 35
지 않다. 아무리 때려 봐라. 아무
느낌도 없다. 술이 언제 깰 것인
가? 깨면 또 마셔야지!"라고 말
할 것이다.

잠언으로 드리는 기도 하나님의 거룩한 백성으로서 어울리지 않는 세상적인 모습을 과감히 버릴 수 있게 하소서. 거룩하고 아름다운 영적 가치로 장식한 하나님의 자녀가 되길 소원합니다.

말씀 적용하기

제24장

영혼을 살찌게 하는 지혜를 송이꿀에 비유합니다.
반면 지혜가 없는 자는 죄악만을 생각하고 재판을 굽게 하며 한없이 게으릅니다.

1 악인들을 부러워하지 마라. 그들의 친구가 될 생각을 하지 마라.

2 악인들은 늘 범죄만 생각하고, 그 입술은 문제 일으킬 궁리만 한다.

3 지혜로 인해 집이 세워지고, 슬기를 통해 집이 견고해진다.

4 지식을 통하여 그 방에는 온갖 귀하고 아름다운 보물들이 채워진다.

5 지혜로운 사람이 힘센 자보다 낫고, 지식 있는 사람이 무사보다 낫다.

6 전략을 세우고 전쟁하라. 전략가들이 많아야 승리를 얻는다.

7 지혜는 미련한 자에게는 너무 높이 있어서, 성문 앞 광장에서 할 말이 없다.

1

2

3

4

5

6

7

8 남을 해할 음모를 꾸미는 자는
음모자라 불린다.
9 미련한 자는 범죄할 생각만 하고,
거만한 자는 사람들에게 혐오의
대상이 된다.
10 어려움을 당하여 낙담하는 것은
너의 연약함을 드러내는 것이다.
11 억울하게 사형장으로 끌려가는
자를 건져 주고 처형장으로 잡혀
가는 자를 구해 주어라.
12 네가 아무것도 알지 못했다 할지
라도 마음을 재는 분이 그것을
알지 못하시랴! 네 인생을 인도하
시는 분이 알지 못하시랴! 그분
께서 각 사람이 행한 대로 갚으실
것이다.
13 내 아들아, 꿀은 몸에 좋으니 꿀
을 먹어라. 꿀은 네 입에 달 것
이다.
14 그리고 지혜가 네 영혼에 달다는
것도 알아라. 지혜를 찾으면 네
앞길이 열리고, 네 소망이 꺾이지

8

9

10

11

12

13

14

않을 것이다.
15 악인처럼 의인의 집을 숨어서 엿 15
보지 말고, 그의 집을 망가뜨리지
마라.
16 의인은 일곱 번 넘어져도 다시 일 16
어나지만, 악인은 재앙이 닥치면
망하고 만다.
17 네 원수가 넘어질 때 고소하게 여 17
기지 마라. 그가 비틀거려도 기뻐
하지 마라.
18 여호와께서 그것을 보시고 불쾌 18
히 여기시어, 그에게서 진노를 거
두실까 두렵다.
19 악인 때문에 불평하지 마라. 악인 19
을 부러워하지 마라.
20 악인은 장래에 소망이 없다. 악인 20
의 등불은 곧 꺼질 것이다.
21 내 아들아, 여호와를 경외하고 21
왕을 두려워하여라. 반역자들과
어울리지 마라.
22 하나님과 왕을 반역하는 자들에 22
게 갑자기 재앙이 내리리니, 그

들에게 임할 재앙을 누가 막겠는
가?

지혜 있는 자의 거듭된 말

23 이것도 지혜자의 말씀이다. 재판
할 때 편드는 것은 옳지 않다.
24 죄인에게 "너는 죄가 없다"고 선
고하는 자는 백성의 저주를 받
고, 여러 사람의 비난을 면치 못
할 것이다.
25 죄인을 바로 재판하는 자는 형통
할 것이며, 축복이 그들에게 풍성
히 임할 것이다.
26 적절하게 대답하는 자는 입술에
입맞춤하는 것과 같다.
27 바깥일을 잘 처리하고 밭일도 잘
한 후에 네 집을 세워라.
28 근거 없이 네 이웃에게 불리한 증
언을 하지 말고, 네 혀를 놀려 남
을 속이지 마라.
29 "그가 나에게 행한 대로 나도 행
하고, 그가 행한 대로 나도 갚을

지혜 있는 자의 거듭된 말

23

24

25

26

27

28

29

것이다" 하고 말하지 마라.

30 내가 게으른 자의 밭과 미련한 자
의 포도원을 지나가 보니,

31 가시덤불이 사방을 덮고, 잡초가
무성하였으며, 돌담은 여기저기
무너져 있었다.

32 내가 유심히 관찰하고 생각을 많
이 하여 깨우친 것이 많았다.

33 좀 더 자자. 좀 더 졸자. 좀 더
쉬자.

34 그러면 가난이 강도 떼처럼, 궁
핍이 군사들처럼 너를 덮칠 것
이다.

30

31

32

33

34

잠언으로 드리는 기도 내 모든 것 되시는 주님, 세상의 유익을 포기하고
하나님과 다른 사람을 사랑하고 섬기며 살아가길 소망합니다.
제 삶의 모든 순간과 결정에 예수 그리스도를 최우선으로 삼게 하소서.

말씀 적용하기

DATE . . .

제25장

왕 앞에서 신하로서 취해야 할 자세와
이웃과의 관계에서 유의해야 할 상황에 대해 이야기합니다.

또 다른 솔로몬의 잠언

1 이것들도 솔로몬의 잠언으로서 유다 왕 히스기야의 신하들이 모은 것입니다.

2 일을 숨기는 것은 하나님의 영광이요, 일을 잘 살피는 것은 왕의 영광이다.

3 하늘은 높고 땅은 깊듯이, 왕의 마음은 헤아리기 어렵다.

4 은에서 찌꺼기를 없애라. 그래야 금속 세공업자가 쓸 만한 은그릇을 만들 수 있다.

5 왕 앞에서 악한 자를 없애라. 그러면 의를 통하여 왕위가 굳게 세워진다.

6 왕 앞에서 잘난 체하지 말고, 높은 관리들 자리에 끼어들지 마라.

또 다른 솔로몬의 잠언

1

2

3

4

5

6

7 말석에서 상석으로 올라오라고 초대받는 것이 대중 앞에서 말석으로 쫓겨 내려가는 것보다 훨씬 낫지 않겠는가?

8 네가 눈으로 본 것을 조급하게 법정에 알리지 마라. 나중에 네 이웃이 너를 망신시키면 어떻게 할 것이냐?

9 너는 이웃과 다툴 때, 남의 비밀을 말하지 마라.

10 그것을 듣는 자가 너를 망신시킬 것이요, 나쁜 평판이 너를 계속 따라다닐 것이다.

11 경우에 합당한 말은 은쟁반에 놓여진 금사과와 같다.

12 지혜자의 책망은 들을 줄 아는 귀에 금귀고리와 순금목걸이 같다.

13 믿을 만한 심부름꾼은 그를 보낸 주인에게 추수하며 땀 흘릴 때에 마시는 얼음물 같아서, 그 주인의 마음을 시원하게 한다.

14 선물한다고 말만 하는 사람은 비

7 8 9 10 11 12 13 14

없는 구름과 바람 같다.

15 끈기 있게 설득하면 통치자의 마음도 움직이고, 부드러운 혀는 뼈도 녹인다.

16 꿀을 찾았거든, 먹을 만큼만 먹어라. 너무 많이 먹으면 토할 것이다.

17 이웃집에 너무 들락거리지 마라. 그가 싫증내고 미워할까 두렵다.

18 자기 이웃을 해치고자 거짓 증언하는 사람은 몽둥이나 칼, 날카로운 화살과 같다.

19 어려울 때 신용이 없는 사람을 의지하는 것은 썩은 이나 다친 발을 의지하는 것과 같다.

20 마음이 무거운 자 앞에서 노래하는 것은 추운 날 남을 발가벗기는 것과 같고, 터진 상처에 식초를 붓는 것과 같다.

21 네 원수가 굶주리거든 그에게 먹을 것을 주어라. 목말라 하거든

마실 물을 주어라.
22 그리하면 그는 머리에 숯불을 둔 22
것같이 부끄러워하고, 여호와께
서는 네게 상을 주실 것이다.
23 북풍이 비를 몰고 오듯, 험담하 23
는 혀는 분노를 초래한다.
24 옥상 한구석에서 사는 것이 다 24
투는 아내와 같이 사는 것보다
낫다.
25 먼 나라에서 보내온 좋은 소식은 25
목마른 영혼에 냉수와 같다.
26 의인이 악인에게 굴복하는 것은 26
우물이 흐려지고 샘이 썩는 것과
같다.
27 꿀을 너무 많이 먹으면 몸에 해롭 27
고, 자기 영광을 구하는 것도 명
예롭지 못하다.
28 자기를 다스리지 못하는 자는 성 28
벽이 무너진 성과 같다.

경우에 합당한 말은 은쟁반에 놓여진 금사과와 같다.

지혜자의 책망은 들을 줄 아는 귀에 금귀고리와 순금목걸이 같다.

믿을 만한 심부름꾼은 그를 보낸 주인에게 추수하며 땀 흘릴 때에 마시는 얼음물 같아서,

그 주인의 마음을 시원하게 한다.

_ 잠 25:11-13

잠언으로 드리는 기도 참 지혜이신 하나님, 부정적이고 비판하는 말로 드러난 제 어리석음을 회개합니다. 하나님이 주시는 아름답고 선한 말로 다른 사람을 세워주고 기쁨을 주는 사람이 되게 하소서.

말씀 적용하기

제26장

가장 미련한 것은 자신이 미련함에도 불구하고 스스로 지혜롭다 여기는 것입니다.
본장은 여러 극단적인 예를 통해 게으름을 경계합니다.

1 여름에 오는 눈이나 추수 때의 비처럼, 어리석은 자에게 영예는 적절하지 않다.

2 근거 없는 저주는 참새가 퍼덕거리고, 제비가 쏜살같이 날아가는 것처럼 상대방에게 미치지 못한다.

3 말에게는 채찍을, 나귀에게는 재갈을, 어리석은 자의 등에는 몽둥이를 휘둘러야 한다.

4 어리석은 자의 어리석음을 따라 대답하지 마라. 그렇지 않으면 너도 그와 같이 될 것이다.

5 어리석은 자에게는 그의 어리석음에 따라 대답하여라. 스스로 지혜로운 체할까 두렵다.

6 어리석은 자를 시켜 편지를 전하

1

2

3

4

5

6

는 것은 자기 발을 자르고, 극약
을 마시는 것과 같다.
7 어리석은 자들이 잠언을 말하는 7
것은 다리 저는 사람의 다리와
같다.
8 어리석은 자에게 영예를 주는 것 8
은 마치 물매에 돌을 매다는 것과
같다.
9 어리석은 자들이 잠언을 말하는 9
것은 술 취한 자가 가시나무를 휘
두르는 격이다.
10 미련한 자나 지나가는 자를 품꾼 10
으로 부리는 자는 활을 마구 쏘
는 궁수와 같다.
11 개가 그 토한 것을 다시 먹듯, 어 11
리석은 자는 자기 미련을 되풀이
한다.
12 스스로 지혜로운 체하는 사람을 12
보았는가? 차라리 그보다는 미련
한 자에게 희망이 있다.
13 게으른 자는 "사나운 사자가 13
길에 있으니 가지 않겠다"고 말

한다.

14 문짝이 돌쩌귀를 따라 돌듯, 게으름뱅이는 침대에서만 뒹군다.

15 게으른 자는 자기 손을 밥그릇에 갖다 대고도 입에 넣을 생각을 안 한다.

16 게으른 자는 '나는 슬기롭게 대답을 전하는 일곱 명보다 낫다'라고 스스로 생각한다.

17 자기와 상관도 없는 다툼에 참견하는 행인은 개의 귀를 잡아당기는 사람과 같다.

18 횃불을 던지고, 독이 묻은 화살을 쏘아 대는 미친 사람과 같이

19 지혜 없는 사람은 자기 이웃을 속이고도 "그저 장난삼아 했을 뿐이야!"라고 말한다.

20 나무가 없으면 불이 꺼지듯, 험담꾼이 없으면 다툼도 그친다.

21 숯불에 숯을 더하고 불에 나무를 더하듯, 싸움꾼은 싸움에 부채질만 한다.

22 고자질은 맛난 음식과 같아서, 배 속 깊이 내려간다.

23 마음은 악하면서 입술만 부드러운 사람은 유약을 바른 토기와 같다.

24 악의를 품은 사람은 입술로는 그럴싸하게 말하지만, 마음에는 독을 품고 있다.

25 그런 자가 듣기 좋은 말을 할지라도 믿지 마라. 일곱 가지 혐오스런 것들이 그 마음에 들어 있다.

26 그의 악의가 교묘하게 숨겨져 있다 해도, 그의 악한 생각이 회중 앞에서 드러날 것이다.

27 함정을 파는 자는 자신이 그곳에 빠질 것이요, 돌을 굴리는 자는 그 돌에 치일 것이다.

28 거짓말하는 혀는 상대를 미워하고, 아첨하는 입은 상대를 파멸로 이끈다.

22

23

24

25

26

27

28

여름에 오는 눈이나 추수 때의 비처럼,

어리석은 자에게 영예는 적절하지 않다.

_ 잠 26:1

잠언으로 드리는 기도 하나님, 제 미련한 모습을 깨닫고
하나님의 참 지혜를 따라 살아가게 하소서. 이 세상의 것을 잘 분별하여
어리석은 것은 피하며 다른 사람에게 유익이 되는 삶을 살게 하소서.

말씀 적용하기

DATE . . .

제27장

본장은 책망의 필요성과 유익에 관한 교훈이라 할 수 있습니다.
충고하기 가장 적합한 사람은 바로 그의 친구입니다.

1 내일을 자랑하지 마라. 오늘 무슨 일이 일어날지 누가 알 것인가? 1

2 타인이 너를 칭찬하게는 해도, 네 입으로는 하지 마라. 2

3 돌도 무겁고 모래도 무겁지만, 바보가 주는 모욕은 이것보다 더 무겁다. 3

4 분노는 잔인하고 화는 사람을 삼키지만, 질투처럼 파괴적이지는 않다. 4

5 면전에서 책망하는 것이 숨겨진 사랑보다 낫다. 5

6 친구가 주는 상처들은 믿음에서 난 것이지만, 원수는 입 맞추고 배반한다. 6

7 배부른 사람은 꿀도 싫지만, 배고픈 자에게는 쓴 것도 달다. 7

8 자기 고향을 떠난 사람은 둥지를 떠나 떠도는 새와 같다.

9 향유나 향이 마음을 기쁘게 하듯이, 친구의 충심 어린 조언이 마음을 포근하게 해 준다.

10 너의 친구든지 아버지의 친구든지 아무도 버리지 말며, 위급할 때 형제의 집에 가지 마라. 가까운 이웃이 멀리 있는 형제보다 낫다.

11 내 아들아, 부디 지혜를 깨우쳐서 내 마음을 기쁘게 해 다오. 그리하면 나를 경멸하는 자에게 내가 할 말이 있을 것이다.

12 슬기로운 자는 위험을 보면 피하지만, 미련한 자는 제 발로 들어가 화를 자초한다.

13 타인을 위해 보증하는 사람의 의복을 취하여라. 다른 지방 사람을 위해 보증 섰다면 꼭 그 사람을 잡아 두어라.

14 이른 아침에 큰 소리로 이웃에게 인사하는 것은 저주하는 말처럼

들린다.

15 비오는 날에 연달아 떨어지는 물방울이나 다툼 잘하는 여인은 마찬가지이다.

16 그런 여자를 다스리는 것은 손바닥으로 태풍을 막으려는 것과 같고, 손으로 기름을 움켜잡으려는 것과 같다.

17 쇠는 쇠에 갈아야 날카롭게 되듯이 사람은 사람에게 부딪혀야 다듬어진다.

18 무화과나무를 재배하는 자는 그 열매를 먹고, 자기 주인을 잘 섬기는 자는 영예를 얻는다.

19 얼굴이 물에 비치듯, 사람의 마음도 다른 사람에게 비친다.

20 무덤과 죽음이 만족하는 법이 없듯이 사람의 눈도 만족할 줄을 모른다.

21 도가니로 은을, 풀무로 금을 연단하듯, 사람은 칭찬을 통해 시험을 받는다.

22 미련한 사람을 절구에 넣고 공이
로 곡식 찧듯 찧어도, 그의 미련
은 벗겨지지 않는다.
23 네 양 떼의 형편을 잘 살피고, 네
소 떼도 잘 돌봐라.
24 재물은 오래가지 않고, 면류관은
대대로 물려지지 않는다.
25 풀을 베면 다시 싹이 나니, 언덕
여기저기에서 꼴을 얻을 수 있다.
26 양 떼는 옷 지을 털을 주고, 염소
떼는 밭을 살 만한 돈을 준다.
27 염소 젖은 넉넉하여 너와 네 가
족, 너의 여종들이 모두 먹고도
남을 것이다.

22

23

24

25

26

27

잠언으로 드리는 기도 우리를 은밀히 보시는 주님,
그동안 사람에게 인정받으려 했던 제 어리석음을 용서하소서.
하나님께 인정받는 것으로 만족하며, 사람들의 시선과 평가에서 자유롭게 하소서.

말씀 적용하기

제28장

의인과 악인의 특성, 그리고 그 결말을 대조하는 언급이 다시 나옵니다.

1 악인은 쫓는 자가 없어도 도망치나, 의인은 사자처럼 담대하다. 1

2 나라가 부패하면 지도자가 자주 바뀌지만, 슬기롭고 지혜로운 지도자는 나라를 안정시킨다. 2

3 가난한 자를 압제하는 권력자는 곡식을 낟알 하나 남김없이 쓸어가는 폭우와 같다. 3

4 법을 무시하는 자는 악인을 칭찬하나, 법을 지키는 자는 악인들과 싸운다. 4

5 악한 사람들은 법을 무시하나, 여호와를 찾는 자들은 온전히 법을 지킨다. 5

6 흠 없이 행동하는 가난뱅이가 행실이 비뚤어진 부자보다 낫다. 6

7 법을 지키는 자는 분별이 있는 사 7

람이지만, 불량배의 친구는 아버
지를 망신시킨다.
8 고리대금으로 재산을 늘리는 자
는 가난한 자에게 후히 베푸는 사
람을 위해 재산을 늘릴 뿐이다.
9 법을 지키지 않는 자의 기도는 거
짓된 기도이다.
10 정직한 자를 미혹하는 자는 자신
의 함정에 빠질 것이나, 흠 없는
사람은 복을 받는다.
11 부자는 스스로 지혜롭다고 여기
지만, 명철을 지닌 가난한 사람은
자신을 살핀다.
12 의인이 권력을 잡으면 나라가 잘
되지만, 악인이 권력을 잡으면 백
성들이 모조리 피해 도망간다.
13 자기 죄를 숨기는 자는 형통하지
못할 것이나, 죄를 자백하고 버리
는 자는 긍휼을 얻을 것이다.
14 항상 여호와를 경외하는 사람은
복되지만, 고집쟁이는 재난에 떨
어진다.

8

9

10

11

12

13

14

15 힘 없는 백성을 압제하는 악한 권력자는 으르렁거리는 사자요, 굶주린 곰과 같다.

16 무식한 통치자는 압제만 일삼지만, 부정한 소득을 미워하는 자는 장수할 것이다.

17 살인자는 죽을 때까지 피해 다녀야 한다. 아무도 그를 돕지 않을 것이다.

18 흠 없이 행동하는 사람은 위험에서 보호받으나, 그 행실이 비뚤어진 자는 졸지에 망한다.

19 자기 논을 경작하는 자는 먹을 양식이 많겠지만, 공상만 하는 자는 가난하게 될 것이다.

20 성실한 사람은 크게 복을 받지만, 일확천금을 노리는 자는 처벌을 면치 못할 것이다.

21 편애하는 것은 좋지 못하다. 사람은 빵 한 조각 때문에 범죄할 수 있다.

22 구두쇠는 부자 되기에 정신이 없

어서, 가난이 자기를 찾아올 줄
예상하지 못한다.
23 책망하는 사람이 아첨하는 사람 23
보다 나중에 더욱 귀히 여김을 받
을 것이다.
24 부모의 물건을 훔치고도 죄가 아 24
니라고 하는 자는 강도나 마찬가
지이다.
25 탐심이 가득한 사람은 분쟁을 일 25
으키지만, 여호와를 의지하는 자
는 형통할 것이다.
26 자기를 믿는 자는 어리석지만, 지 26
혜를 따르는 사람은 구원을 얻을
것이다.
27 가난한 자에게 베푸는 사람은 부 27
족함이 없겠고 가난한 자들을 못
본 체하는 자는 저주를 배로 받
을 것이다.
28 악인이 권력을 잡으면 백성들이 28
숨지만, 악인이 망하면 의인은 번
창한다.

탐심이 가득한 사람은 분쟁을 일으키지만,

여호와를 의지하는 자는 형통할 것이다.

_ 잠 28:25

잠언으로 드리는 기도 우리에게 늘 말씀하시는 하나님, 매 순간 하나님의 선하신 뜻을 듣고 깨닫기 원합니다. 제가 예수님 안에 거하고 예수님의 말씀이 제 안에 거하는 귀한 체험이 매일의 삶에 있게 하소서.

말씀 적용하기

제29장

솔로몬 왕이 나라를 다스리는 과정에서 얻은 지혜의 일부를 소개하는 내용입니다.
한 나라가 번영하기 위해서는 공의로운 통치가 우선 필요합니다.

1 자주 책망을 받으면서도 계속 고집을 부리는 사람은 졸지에 망할 것이다. 아무런 구제책이 없다.

2 의인이 권력을 잡으면 백성이 기뻐하나, 악인이 권력을 휘두르면 백성이 신음한다.

3 지혜를 사랑하는 자는 자기 아버지에게 기쁨을 주지만, 창녀와 사귀는 아들은 아버지의 재산을 탕진한다.

4 공의로운 왕은 나라를 견고히 하나, 뇌물을 좋아하는 왕은 나라를 망친다.

5 이웃에게 아첨하는 자는 그의 발밑에 함정을 파는 자이다.

6 악인의 죄는 스스로 올무에 걸리게 하지만, 의인은 노래하며 기뻐

1

2

3

4

5

6

DATE . . .

한다.
7 의인은 가난한 사람의 인격을 존
중하나, 악인은 인정사정이 없다.
8 거만한 자는 도시에 폭동을 일으
키나, 지혜로운 자는 화를 가라
앉힌다.
9 지혜로운 사람과 미련한 사람이
재판을 하면, 미련한 자는 길길이
날뛰며 비웃고 잠잠하지 않는다.
10 피에 굶주린 자는 정직한 자를 미
워하여 그의 생명을 노린다.
11 어리석은 자는 자기 분노를 드러
내지만, 지혜로운 자는 절제한다.
12 통치자가 거짓말에 귀를 기울이면
그의 신하들이 모두 타락한다.
13 가난한 자와 압제자가 함께 살지
만, 여호와께서는 모두의 눈에
빛을 비추신다.
14 왕이 가난한 자를 공평하게 재판
하면, 그의 왕위가 영원히 견고할
것이다.
15 행실을 고치라고 후려치는 매는

7

8

9

10

11

12

13

14

15

지혜를 주지만, 멋대로 내버려 둔
아들은 어머니를 망신시킨다.
16 악인이 권력을 잡으면 죄가 기승
을 부리지만, 의인은 반드시 그들
이 망하는 것을 볼 것이다.
17 네 아들을 징계하여라. 그러면 그
가 네게 평안을 줄 것이다. 그가
네 영혼에 기쁨을 안겨 줄 것이다.
18 계시가 없으면 백성이 제멋대로
날뛰지만, 율법을 지키는 자는 복
이 있다.
19 말로만 하면 종은 절대로 행동을
고치지 않는다. 알면서도 행실을
고치지 않는다.
20 조급하게 말하는 사람을 보았는
가? 미련한 자가 그보다 더 희망
이 있다.
21 종이 어리다고 곱게 다루면, 나중
에는 자식인 양 행동할 것이다.
22 노하는 자는 다툼을 일으키고, 성
미가 조급한 사람은 많은 죄를 짓
게 된다.

23 사람이 교만하면 낮아지고, 마음
이 겸손하면 영예를 얻을 것이다.
24 만약 네가 도둑을 돕는다면, 스
스로 자신을 해치는 꼴이 될 것이
며 법정에서 선서를 하여도 증언
할 말이 없을 것이다.
25 사람을 두려워하면 올무에 걸리
지만, 여호와를 신뢰하는 자는 안
전할 것이다.
26 많은 사람이 통치자를 만나 아첨
하고자 하나, 공정한 판결은 여호
와께로부터 나온다.
27 의로운 자들은 부정직한 사람을
미워하나, 악인은 행실이 바른 자
를 미워한다.

23

24

25

26

27

잠언으로 드리는 기도 제 유일한 힘과 자랑이신 하나님,
세상 사람들처럼 힘을 키워 높아지려 했던 저 자신을 회개합니다.
권력이 아닌 하나님을 추구하고, 사람이 아닌 하나님만 경외하게 하소서.

말씀 적용하기

제30장

아굴은 하나님 말씀만 의지하며 살기를 소원하면서,
자신을 비롯한 모든 사람이 특별히 유의해야 할 죄악된 생활을 나열합니다.

아굴이 쓴 지혜의 말

1 야게의 아들 아굴의 교훈입니다. 아굴이 이디엘과 우갈에게 이 가르침을 선포하였습니다.

2 나는 정말 짐승같이 무지한 사람이다. 나는 사람에게 있어야 할 총명을 갖지 못했다.

3 나는 지혜를 배우지 못했고, 거룩하신 분을 아는 지식도 갖지 못했다.

4 누가 하늘에 올라갔다 내려왔던가? 누가 자기 손바닥에 바람을 모았던가? 누가 자기 옷에 물을 댔던가? 누가 땅끝을 만들었던가? 그의 이름이 무엇이며, 그의 아들의 이름은 무엇인가? 네가 알면 말해 다오.

아굴이 쓴 지혜의 말

1

2

3

4

5 모든 하나님의 말씀은 믿을 만하 5
다. 그분은 자기를 피난처로 삼는
자에게 방패가 되신다.
6 그분의 말씀에 다른 것을 더하지 6
마라. 그분이 너를 책망하고 거짓
말쟁이로 생각하실까 두렵다.
7 내가 두 가지를 여호와께 구하 7
였사오니, 내가 죽기 전에 이루어
주소서.
8 곧 허황한 거짓말을 내게서 멀리 8
하여 주시고, 가난도 부함도 허락
하지 마시고, 오직 일용할 양식만
주소서.
9 그렇지 않으면 내가 배불러서 "여 9
호와께서 누구인가?" 하고 당신
을 부인할까 두렵습니다. 아니면
내가 가난하여져서 도둑질하고
내 하나님의 이름을 모욕할까 두
렵습니다.
10 너는 종을 주인에게 고자질하지 10
마라. 그가 너를 저주하면, 네가
처벌을 받을까 두렵다.

11 자기 아버지를 저주하고 자기 어 11
머니를 축복하지 않는 불효자식
들이 있다.
12 자기 스스로 깨끗하다 여기고 12
자기 더러움을 씻지 않는 자들도
있다.
13 아주 거만하여 그 눈꺼풀들이 치 13
켜 올려 있는 자들이 있다.
14 앞니는 긴 칼 같고 어금니는 군인 14
이 허리에 찬 칼 같아서, 가난한
자를 땅에서 집어삼켜 없애고, 궁
핍한 자를 무시하는 자들이 있다.
15 거머리에게는 두 딸이 있어, "주 15
세요, 주세요"라고 한다. 결코 만
족을 모르는 서너 가지가 있으니,
16 곧 무덤과 아이 배지 못하는 태와 16
메마른 땅과 이글거리는 불이다.
17 아버지를 비웃고 어머니를 경멸하 17
여 불순종하는 자의 눈은, 골짜
기의 까마귀에게 쪼이고 독수리
에게 먹힐 것이다.
18 내가 이해하지 못할 기이한 것 서 18

너 가지가 있으니,

19 곧 공중에서 독수리가 날아다니 19

는 길과 바위에서 뱀이 기어 다니

는 길과 대해에서 항해하는 배의

항로와 젊은 여자와 동침하며 지

나간 남자의 길이다.

20 간음한 여자의 길도 이와 같으니 20

그녀는 죄를 짓고도 잘못한 것이

없다고 말한다.

21 세상을 뒤흔드는 서너 가지가 있 21

으니,

22 왕이 된 종과 배부른 바보와 22

23 사랑받지 못한 여인이 시집간 일 23

과 여주인을 대신한 여종이다.

24 아주 작지만 아주 지혜로운 것 네 24

가지가 세상에 있으니,

25 곧 힘이 없지만, 여름에 음식을 장 25

만하는 개미와

26 힘이 없지만, 돌 틈에 집을 짓는 26

오소리와

27 왕이 없지만, 줄을 지어 행진하는 27

메뚜기들과

28 손에 잡힐 것 같으면서도, 왕궁에
드나드는 도마뱀이다.
29 위풍당당하게 걷는 것 서너 가지
가 있으니,
30 동물의 왕으로서 어떤 것 앞에서
도 물러서지 않는 사자와
31 꼬리를 치켜세우는 수탉과 숫염
소와 군대를 거느린 왕이다.
32 만일 네가 미련하여 스스로 높은
체하거나, 악한 생각을 품었다면,
손으로 네 입을 막아라.
33 우유를 저으면 버터가 되고, 코를
비틀면 코피가 나오듯, 화를 돋
우면 싸움이 생긴다.

28

29

30

31

32

33

잠언으로 드리는 기도 하나님, 저를 가난하거나 부하게 하지 마시고 오직 필요한 양식을 주소서. 제가 부하여 하나님을 모른 체하거나 가난해서 죄짓지 않도록 제 삶에 꼭 필요한 것으로 채우소서.

말씀 적용하기

DATE . . .

제31장

대부분이 여자에 관한 조언으로,
현숙한 여인은 여호와를 경외하고 근면하게 살아간다며 칭찬합니다.

르무엘 왕이 쓴 지혜의 말

1 르무엘 왕의 어머니가 그를 가르
쳤던 말씀입니다.
2 오 내 아들아, 오 내 태에서 나온
내 아들아, 오 내가 서원해서 얻
은 내 아들아!
3 네 힘을 여자들에게 쏟지 마라.
왕을 멸망시킨 여자들에게 네 기
력을 탕진하지 마라.
4 오 르무엘아, 포도주를 마시는
것은 왕에게 합당하지 않다. 독
주를 탐하는 것은 통치자에게 합
당하지 않다.
5 술을 마시고 법을 망각하고 압제
당하는 자들을 무자비하게 다룰
까 두렵다.
6 독주는 죽게 된 자에게나 주고,

르무엘 왕이 쓴 지혜의 말

1

2

3

4

5

6

포도주는 근심하는 자나 마시게
하여라.
7 그것으로 잠시나마 그들의 고통
을 잊게 하여라.
8 너는 스스로 자기 사정을 알리지
못하는 자들을 살펴 주고, 힘없는
자들을 대변하여라.
9 공평하게 재판하여라. 가난한 자
와 궁핍한 자의 권리를 변호해 주
어라.

현숙한 여인

10 누가 현숙한 아내를 얻겠는가?
그녀는 비싼 진주에 비길 수 없이
귀하다.
11 그녀의 남편은 아내를 신뢰하여
아무런 부족함이 없을 것이다.
12 그녀는 평생 남편을 잘되게 하고
결코 해를 끼치지 않는다.
13 그녀는 양털과 삼을 구하여 손을
부지런히 놀려 일하고
14 상선처럼 멀리서 양식을 구해

7
8
9
현숙한 여인
10
11
12
13
14

온다.
15 그녀는 이른 새벽에 일어나 가족 15
의 밥상을 차려 주고 여종들에게
일감을 할당해 준다.
16 그녀는 밭을 잘 골라 사고, 손수 16
포도원을 가꾼다.
17 힘 있게 허리띠를 묶고, 자기 할 17
일을 당차게 처리한다.
18 자기의 일이 유익한 것을 알고, 저 18
녁에도 등불을 끄지 않는다.
19 손을 놀려 물레질을 하고, 베를 19
짜며,
20 팔을 벌려 가난한 자들을 돌보고 20
궁핍한 자에게 후히 베푼다.
21 온 식구는 눈이 와도 겁내지 않는 21
다. 왜냐하면 가족 모두 따뜻한
옷을 입었기 때문이다.
22 그녀는 침다를 위한 이불을 만들 22
고, 세마포와 자색옷을 입는다.
23 그녀의 남편은 유명 인사가 되고, 23
고위 관리들과 함께 앉는다.
24 삼베옷을 만들어 팔고, 띠를 만 24

들어 상인들에게 판다.
25 그녀는 힘 있고 기품이 있다. 그녀 25
는 미래를 계획하며 웃는다.
26 입을 열어 지혜를 가르치니, 그녀 26
의 혀에는 진실한 가르침이 있다.
27 집안일을 자상히 보살피고, 태만 27
하게 밥을 먹는 일이 없다.
28 그녀의 아들들은 그녀를 축복하 28
고 남편 역시 그녀를 칭찬한다.
29 "뛰어난 여자들이 많지만 당신이 29
최고요."
30 매력도 헛되고, 아름다움도 허무 30
하나, 여호와를 경외하는 자는 칭
송을 받을 것이다.
31 그녀가 행한 일이 보상을 받고, 31
모든 사람들이 그녀를 칭송할 것
이다.

DATE . . .

매력도 헛되고, 아름다움도 허무하나,

여호와를 경외하는 자는 칭송을 받을 것이다.

_ 잠 31:30

잠언으로 드리는 기도 하나님의 지혜와 늘 동거하는 자가 되길 소망합니다.
세상의 풍조와 내 생각을 따라 살지 않고,
하나님의 지혜를 따라 분별하여 살아가는 자가 되게 하소서.

말씀 적용하기

세움 잠언을 쓰다(쉬운성경)

초판 1쇄 발행 2021년 10월 28일

펴낸이 곽성종
기획편집 방재경
디자인 투에스

펴낸곳 (주)아가페출판사
등록 제21-754호(1995. 4. 12)
주소 (06698) 서울시 서초구 효령로8길 5 (방배동)
전화 584-4835(본사) 522-5148(편집부)
팩스 586-3078(본사) 586-3088(편집부)
홈페이지 www.iagape.co.kr

ISBN 978-89-537-9654-6 (04230)
978-89-537-9642-3 (세트)

아가페 출판사

모든 쓰기성경은 쓰기 전용펜을 사용하세요!

1. 잉크의 뭉침(볼펜 똥)이나 이물질이 없어 깨끗하게 쓸 수 있습니다.
2. 필사한 후에도 책이 전혀 두꺼워지지 않습니다.

일반 필사&쓰기성경 전용펜 A5(검정/빨강)

가격 : 800원 / 9,600원 (1다스 12개)

오피스펜 200 PLUS (검정)(그레이/골드)

가격 : 1,500원 / 15,000원 (1박스 10개)

필사&쓰기 전용펜 (고급)(블랙/투명)

가격 : 1,600원 / 19,200원 (1다스 12개)

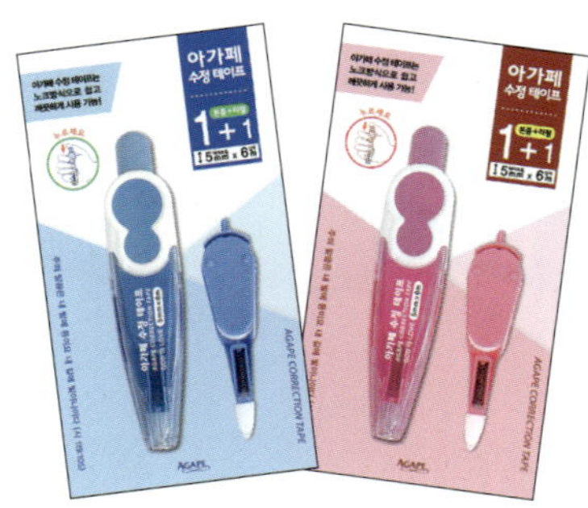

아가페 수정 테이프 (본품+리필)(블루/핑크)

가격 : 3,000원

쓰기성경을 쓰다가 잘못 쓴 글씨는 수정 테이프를 사용하시면 좋습니다.

본문이 있는 채움 쓰기성경®

1. 성경 본문의 **가독성이** 뛰어나고 **1:1**로 맞추어 필사할 수 있는 쓰기성경입니다.
2. 성경 본문이 인쇄되어 있어, **언제 어디서든 필사**가 가능합니다.
3. 180도 **잘 펴지는 특수 제본**으로 편리하게 쓸 수 있습니다.
4. 필기감이 좋고, 비침이 적으며, 잉크가 번지지 않는 **최고급 종이**입니다.

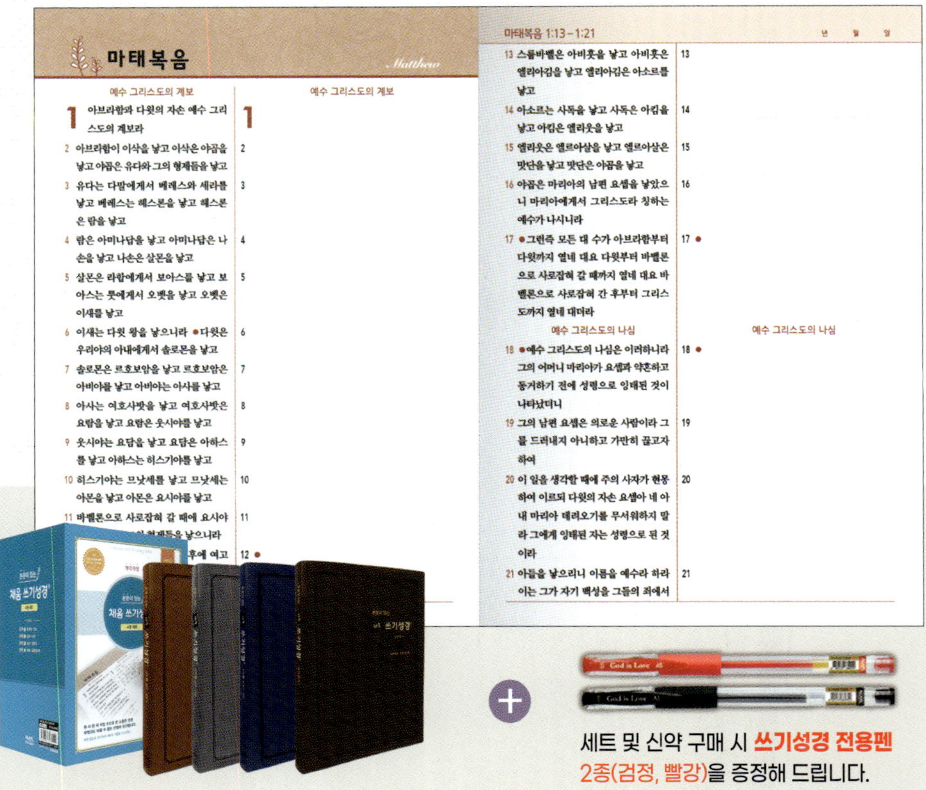

마태복음 *Matthew*

예수 그리스도의 계보

1 아브라함과 다윗의 자손 예수 그리
스도의 계보라
2 아브라함이 이삭을 낳고 이삭은 야곱을
낳고 야곱은 유다와 그의 형제들을 낳고
3 유다는 다말에게서 베레스와 세라를
낳고 베레스는 헤스론을 낳고 헤스론
은 람을 낳고
4 람은 아미나답을 낳고 아미나답은 나
손을 낳고 나손은 살몬을 낳고
5 살몬은 라합에게서 보아스를 낳고 보
아스는 룻에게서 오벳을 낳고 오벳은
이새를 낳고
6 이새는 다윗 왕을 낳으니라 ●다윗은
우리야의 아내에게서 솔로몬을 낳고
7 솔로몬은 르호보암을 낳고 르호보암은
아비야를 낳고 아비야는 아사를 낳고
8 아사는 여호사밧을 낳고 여호사밧은
요람을 낳고 요람은 웃시야를 낳고
9 웃시야는 요담을 낳고 요담은 아하스
를 낳고 아하스는 히스기야를 낳고
10 히스기야는 므낫세를 낳고 므낫세는
아몬을 낳고 아몬은 요시야를 낳고
11 바벨론으로 사로잡혀 갈 때에 요시야
...의 형제들을 낳으니라
12 ... 후에 여고

마태복음 1:13–1:21 년 월 일

13 스룹바벨은 아비훗을 낳고 아비훗은
엘리아김을 낳고 엘리아김은 아소르를
낳고
14 아소르는 사독을 낳고 사독은 아킴을
낳고 아킴은 엘리웃을 낳고
15 엘리웃은 엘르아살을 낳고 엘르아살은
맛단을 낳고 맛단은 야곱을 낳고
16 야곱은 마리아의 남편 요셉을 낳았으
니 마리아에게서 그리스도라 칭하는
예수가 나시니라
17 ●그런즉 모든 대 수가 아브라함부터
다윗까지 열네 대요 다윗부터 바벨론
으로 사로잡혀 갈 때까지 열네 대요 바
벨론으로 사로잡혀 간 후부터 그리스
도까지 열네 대더라

예수 그리스도의 나심

18 ●예수 그리스도의 나심은 이러하니라
그의 어머니 마리아가 요셉과 약혼하고
동거하기 전에 성령으로 잉태된 것이
나타났더니
19 그의 남편 요셉은 의로운 사람이라 그
를 드러내지 아니하고 가만히 끊고자
하여
20 이 일을 생각할 때에 주의 사자가 현몽
하여 이르되 다윗의 자손 요셉아 네 아
내 마리아 데려오기를 무서워하지 말
라 그에게 잉태된 자는 성령으로 된 것
이라
21 아들을 낳으리니 이름을 예수라 하라
이는 그가 자기 백성을 그들의 죄에서

＋

세트 및 신약 구매 시 **쓰기성경 전용펜**
2종(검정, 빨강)을 증정해 드립니다.

- 세트 정가 (구약+신약) : ~~100,000원~~ → **95,000원**
- 낱권 정가 (구약 ❶, ❷, ❸권, 신약) : 각 권 25,000원